कविता का गणित

कविता का गणित

प्रकाश थपलियाल

राजकमल प्रकाशन

ISBN : 978-81-267-2140-5

मूल्य : ₹395

पहला संस्करण : 2012
दूसरा संस्करण : 2015
पहली आवृत्ति : 2023

प्रकाशक : राजकमल प्रकाशन प्रा. लि.
1-बी, नेताजी सुभाष मार्ग, दरियागंज
नई दिल्ली-110 002

शाखाएँ : अशोक राजपथ, साइंस कॉलेज के सामने, पटना-800 006
पहली मंजिल, दरबारी बिल्डिंग, महात्मा गांधी मार्ग, प्रयागराज-211 001
वेबसाइट : www.rajkamalprakashan.com
ई-मेल : info@rajkamalprakashan.com

मुद्रक : बी.के. ऑफसेट
नवीन शाहदरा, दिल्ली-110 032

KAVITA KA GANIT
Stories by Prakash Thapliyal

दो शब्द

कविता के मायने हर व्यक्ति के लिए अलग हो सकते हैं। लेकिन यह तय है कि हरेक को कविता की तलाश रहती है। एक की हूक अगर दूसरे को भी अन्दर तक सिहरा जाए तो मैं समझता हूँ, वहीं कहीं कविता है। ये कविता आम तौर पर दो और दो चार के गणित से अलग होती है। जिन्दगी अगर एक चेक है तो दो और दो चार का गणित उस पर लिखी रकम। कविता मेरे लिए उस पर किए गए दस्तखत की तरह है। पाठक अन्दाजा लगा सकते हैं कि रकम ज्यादा जरूरी है या दस्तखत। रहा सवाल कहानी और उसकी घटनाधर्मिता का तो एक के लिए जो घटना है वही दूसरे के लिए कुछ नहीं। एक को सब कुछ का मिट जाना भी आन्दोलित नहीं करता जबकि दूसरे के लिए, किसी का मुस्कराना बड़ी घटना है। इन कहानियों में मेरे आसपास के कुछ सवालों के जवाब ढूँढ़ने की उधेड़बुन है। इनमें चौंकाने जैसा शायद ही कुछ मिले। इन्हें कविता और गणित के बीच झूलती कहानियाँ कहें तो मुझे अच्छा लगेगा।

—प्रकाश थपलियाल

अनुक्रम

कविता का गणित

आज फिर शट अप, शट अप की आवाज आने लगी है। कर्नल अंकल फिर बरस पड़े हैं, आंटी पर। 'ब्लडी शूट कर दूँगा' की आवाज आएगी थोड़ी देर में, और फिर घंटे भर में सब शान्त हो जाएगा। सुबह कर्नल अंकल पौधों को पानी दे रहे होंगे। आंटी भी गार्डन चेयर पर पसरी होंगी, जैसे रात कुछ हुआ ही नहीं।

शुरू-शुरू में तो बड़ा अजीब लगता था इस दम्पत्ति का यह व्यवहार, लेकिन अब आदत पड़ गई है। अब तो तब अजीब लगता है जब उनकी तरफ से कोई आवाज न आए। पहले तो मैं मान ही चला था कि हमारे पड़ोस के बंगले का नाम 'रुक नेस्ट'[1] के बजाय 'शेर की माँद' होना चाहिए। कर्नल अंकल की दहाड़ पहली बार सुनकर तो कोई भी यही समझेगा कि आदमी अब भी जंगली अवस्था से नहीं उबर पाया है।

अंकल-आंटी से मेरी जान-पहचान पहली बार तब हुई थी जब मैं शाम को उन्हें बैडमिंटन खेलते देख रहा था और तभी सामनेवाले ब्रिगेडियर दास गुप्ता स्टिक खटखटाते हुए आ गए थे। अंकल ने हवा में ही अपना रैकेट रोक लिया था और 'सर' कहते हुए हो लिए थे ब्रिगेडियर दासगुप्ता के साथ। रिटायर्ड कर्नल का रिटायर्ड ब्रिगेडियर को 'सर' कहकर अब भी उसी कड़क से अदब करना देखकर मुझे हँसी आ गई। आंटी भी मुस्करा दी थीं। आंटी

---

1. **रुक नेस्ट**–काग घोंसला।

ने रैकेट मेरी ओर बढ़ा दिया और हम अँधेरा होने तक खेलते रहे थे। फिर ऐसा कई बार हुआ और अब तो यह परिवार अपना-सा हो गया है।

आंटी एक रोज काफी भावुक थीं, शायद अंकल ने ज्यादा डाँट पिला दी थी, "ब्वाय कभी-कभी हमें लगता है कि हमने कर्नल के साथ शादी करके बहुत बड़ी गलती कर दी।"

"आपको गलती का अहसास बहुत जल्दी हो गया।" मैंने कहा था।

"तुम हँसते हो, जानते हो हमारी शादी कैसे हुई थी? पच्चीस साल हो गए हैं, मैं तब बी.ए. कर रही थी। प्रेम-व्रेम हमें कवियों की बातें लगती थीं। हाँ, शादी और ब्वायफ्रेंड जैसी बातें जरूर अच्छी लगती थीं। अखबारों में शादी-विवाह के कॉलम को हम चटखारे लेकर पढ़ती थीं। एक रोज हमने इनका बायोडाटा छपा देखा। अठारह से पच्चीस के बीच की आयु की लड़की से शादी की इच्छा व्यक्त की गई थी। अपनी उम्र चालीस लिखी थी। मैं और मेरी सहेलियाँ खूब हँसी थीं इसे पढ़कर। हमने मजाक के लिए स्वयं को उम्मीदवार घोषित कर इन्हें खत लिख दिया। इन्हें कॉलेज में ही मिलने को लिखा था। ये आए। मैंने और मेरी सहेलियों ने इन्हें घेर लिया। मेरी सहेलियों को भी ये काफी इंटरेस्टिंग लगे थे। तब ये मेजर थे। जब भी मौका मिलता, मिलने आ जाया करते। हम कैन्टीन में बैठकर इनसे कुछ न कुछ खर्च करवा ही लेते थे। यह सिलसिला महीनों चलता रहा। एक दिन एकान्त में इन्होंने पूछ ही लिया, 'तुम्हारा क्या विचार है मैरिज के बारे में।' मैं हँस पड़ी थी। 'हम फोर्टी का हो गया, इसलिए शादी नहीं करोगी?' यह कहते हुए ये काफी मायूस हो गए थे। मेजर के मुँह पर यह मायूसी मुझसे देखी नहीं गई और मैंने इनसे एक हफ्ते का समय माँगा। हफ्ते भर बाद मैंने अपना फैसला सुना दिया और अब तुम देख ही रहे हो।"

"क्या आप अपनी गृहस्थी से खुश हैं?" मैंने अनधिकार प्रश्न पूछ लिया था।

"तुम्हारे अंकल जैसे साफ दिल इनसान से भला कौन नहीं खुश होगा। बस एक ही बुरी आदत है, जब पीते हैं तो पीते चले जाते हैं। पहले तो कितना ही पी लेते, पता नहीं चलता था। लेकिन अब एक पैग पीते ही बहकने लग जाते हैं। शायद बुढ़ापा हावी होने लगा है उन पर।" आंटी की

आँखें पनीली हो गई थीं। भारतीय नारी की जीवन्त प्रतिमा लगी थीं, मुझे उस दिन वह।

आंटी और अंकल के बीच बीस साल का अन्तर है, यह मैं उसी दिन जान पाया। तब से मैं यौन मनोविज्ञान के धरातल पर अंकल-आंटी के सम्बन्धों का विश्लेषण करने लगा। साठे सों पाठे, यानी साठ साल तक भी मर्द मजबूत रहता है। इस बात का उदाहरण तो कर्नल अंकल लगते ही थे। वर्षों हो गए थे उन्हें रिटायर हुए, लेकिन अब भी नेकर पहनकर जब ब्रिगेडियर दासगुप्ता के साथ घूमने जा रहे होते हैं तो कोई उन्हें ब्रिगेडियर दासगुप्ता का बेटा ही समझ सकता है। वे कहीं से भी पैंतालीस-पचास से अधिक के नहीं लगते।

लेकिन देखने से ही तो कुछ नहीं होता। आंटी अभी बयालीस से अधिक की नहीं थीं और अंकल पैंसठ के पास पहुँच गए थे।

मुझे प्रेमचन्द का उपन्यास 'निर्मला' याद आ जाता, जिसमें बूढ़े मुंशी तोताराम अपनी युवा पत्नी पर तरह-तरह के शक किया करते। स्वयं को युवा दिखाने के लिए वे बढ़कर एक से एक लफ्फाजी करते। सम्भव था कि शाम होते ही अंकल अपनी दहाड़ से अपने पौरुष का इजहार करते हों। आंटी फिर भी इस गृहस्थी से खुश बताती हैं खुद को। उन्हें एक ही शिकायत है कि अंकल बहुत पीते हैं। लेकिन उन्हें उम्मीद है कि शिमला से बेबी के आने के बाद सब ठीक हो जाएगा।

आदमी ने औरत को इस कदर दबोच रखा है कि वह भावुक क्षणों में भी अपनी पीड़ा को किसी से नहीं कह सकती। साफ है कि अंकल पैंसठ के हो चुके हैं और निश्चित है कि वह बाहर से मजबूत दीखने के बावजूद अशक्त हो गए होंगे। ऐसे में 'शट-अप' और 'ब्लडी शूट कर दूँगा' कहकर पत्नी को धमकाना हिंसा नहीं तो और क्या है। लेकिन नारी भी तो है ही इस काबिल जो इस कदर डर जाती हैं कि इस हाल में भी अपने को बहुत खुश बताती है, मैं सोचता।

एक रोज आंटी ने खबर दी कि बेबी शिमला से आनेवाली है। आंटी ने कहा था कि बेबी के आने से सब ठीक हो जाएगा, इसलिए मैं बेबी के बारे में जानने के लिए ज्यादा ही उत्सुक था। बेबी के आने से पहले ही मैं कर्नल परिवार का मित्र बन चुका था, इसलिए बेबी से भी दोस्ती होने में देर नहीं लगी।

बेबी शिमला में पढ़ रही थी, वहीं हॉस्टल में रहती थी। आंटी ने अपने कॉलेज के दिनों का जो किस्सा मुझे सुनाया था उससे मैं अनुमान लगा सकता था कि आंटी भी तब बेबी की ही तरह रही होंगी। बहुत सम्भव है कि बेबी भी ब्वायफ्रैंड बनाना अच्छा मानती हो। मैं बेबी का ब्वायफ्रैंड बनने का इच्छुक जितना था उससे ज्यादा इच्छुक था उसके माध्यम से अंकल-आंटी के सम्बन्धों पर शोध करने का। आंटी रोज रात को अंकल की धमकी सुनती हैं फिर भी कहती हैं कि वे बहुत खुश हैं। क्या बेबी भी इसी तरह की महिला है, या बुढ़ापे की ओर बढ़ते कदम ही औरत को विद्रोह करने से रोक देते हैं। यौन-शास्त्री कहते हैं कि रजो-निवृत्ति काल में नारी का उत्कट आवेग सँभाले नहीं सँभलता, कहीं ऐसा ही तो नहीं, क्योंकि आंटी को पैंतालीस की होने के लिए दो-तीन साल की ही देरी है। पैंतालीस की उम्र रजो-निवृत्ति की औसत उम्र होती है। यौन-शास्त्र का सारा जमा-घटा तो यही बताता था कि बेबी को आंटी की तरह नहीं होना चाहिए, क्योंकि वह एकदम युवा थी।

"तुम शादी को किस रूप में लेती हो?" आंटी के सामने ही मैंने एक रोज बेबी से पूछ लिया।

"ना, बाबा, शादी के मामले में जल्दबाजी नहीं, इसी जल्दबाजी को हम आज तक भुगत रहे हैं," कहकर बेबी आंटी की ओर देखकर मुस्कराई। आंटी भी मुस्करा दीं।

अब इसमें शक की कोई गुंजाइश नहीं रह गई थी कि अंकल-आंटी की खुली सोसायटी में पली-बढ़ी बेबी भी प्रेम में धोखा खा ही चुकी है।

बेबी के इस जवाब से मेरी उत्सुकता काफी कम हो गई थी। मैं समझ गया था कि मामला उतना गम्भीर नहीं था जितनी गम्भीरता से मैं उसे ले रहा था। कर्नल परिवार चूंकि पाश्चात्य सभ्यता के रंग में रंगा हुआ था इसलिए उसमें कुछ भी वर्जित नहीं था। अगर वर्जित था, तो स्त्री-पुरुष सम्बन्ध जैसे मौलिक विषय पर गहराई से सोचना। मैंने शुक्र मनाया कि अच्छा हुआ मैंने अंकल-आंटी के सम्बन्धों के बारे में नहीं पूछा। वरना वह मुझे मूर्ख और गँवार से अधिक कुछ नहीं समझती।

अब मैं बेबी से केवल सतही बातें ही करता। बात केवल सतही ही करूँ इस सजगता के कारण मैं खुद तो बोर होता ही, बेबी और आंटी को भी शिकायत रहने लगी कि मैं 'एबसेंट माइंडेड' हो गया हूँ।

मुझे क्या मालूम था कि मेरी जिज्ञासा खत्म होते ही बेबी की उत्सुकता शुरू होगी।

"तुमने कभी प्रेम किया है?" उसने पूछा था।

मैं इस प्रश्न के लिए कतई तैयार न था।

"अगर प्रेम जैसी कोई चीज है, तो मान लो कि मैंने किया है।" मैं तोल-तोल कर बोल रहा था।

"यही तो बात है, जिससे भी मैंने पूछा है और उनमें से जिसने सच बोला है वह यही कहता है कि उसने किसी न किसी से प्रेम अवश्य किया है और इसी बात से डर लगता है।"

बेबी जैसी लड़की डर की बात करे, यह अपने आप में एक आश्चर्यजनक बात थी।

"आप जानते हैं कि मम्मी मेरी दोस्त भी हैं। उन्होंने अपने अनुभव मुझे बताए हैं...।"

इसके बाद भी बेबी कुछ बताये जा रही थी और मेरे मस्तिष्क में द्वन्द्व शुरू हो गया था कि इसका मतलब है आंटी ने प्रेम में धोखा खाया है और बेबी भी हाल ही में धोखा खा चुकी है। आंटी ने एक से प्रेम कर दूसरे से शादी की और अब वे कहती हैं कि वे अपनी गृहस्थी से बहुत खुश हैं। क्या यही है भारतीय नारी? मेरे होंठों पर व्यंग्य के भाव अवश्य रहे होंगे जब मैंने पूछा, "क्या आंटी ने किसी और से...?"

"वही तो मैं बता रही हूँ।" बेबी ने झुँझलाते हुए कहा।

"यह सच है कि मम्मी ने पापा से दोस्ती का हाथ मजाक में ही बढ़ाया था। पापा तब चालीस के थे। उन्होंने बहुत देर से शादी इसलिए की कि जिससे वे प्रेम करते थे वह इस दुनिया में नहीं रही। पापा ने शादी नहीं करने की ठान ली। दस-बारह साल उन्होंने उसी की याद में गुजारे, लेकिन केवल भावनाओं के सहारे भी तो जीवन कटना मुश्किल होता है। आखिर एक लम्बी तपस्या के बाद उन्होंने अपना फैसला बदल दिया। उन्होंने पूरी कोशिश की कि मम्मी को उनके इस घाव का पता न चले। जब तक पापा फौज में रहे, मम्मी को पता नहीं चला। लेकिन पापा के रिटायर होने के बाद

बात सामने आ ही गई। पापा के पर्स में एक स्कैच तसवीर रहती है। मम्मी का मानना है कि यह तसवीर उसी औरत की है। पापा इस बारे में कुछ भी बोलना या सुनना पसन्द नहीं करते। एक बार मम्मी ने उसे फाड़ने की कोशिश की तो पापा ने अपनी कनपटी पर पिसतौल रख ली। पापा जब भी पीते हैं तो घंटे भर के लिए एकान्त चाहते हैं। मम्मी का मानना है कि वे एकान्त में उसी औरत को याद करते हैं। मम्मी को जाने क्या हो जाता है कि इस एकान्त में दखल दे देती हैं और इस पर पापा की गालियों का सिलसिला शुरू हो जाता है। इसीलिए मैं अपनी शादी के मामले में कोई जल्दबाजी नहीं करना चाहती। मैं प्रेम में पड़ने से पहले यह देखना चाहूँगी कि जिससे मैं प्रेम करूँ वह पहले से किसी की तसवीर लिए न चल रहा हो।"

मेरा मनोविज्ञान धरा रह गया था कि प्रेम कविता है और शादी जीवन का गणित। दोनों का अलग-अलग चलना ही उनकी नियति है। मुझे क्या पता था कि इस गणित में भी कविता की लगातार तलाश रहती है। बेबी कविता में गणित को इसलिए खोज रही है कि शादी के बाद कोई कविता खो न जाए। लेकिन कविता जनम ले तब न!

अभिनय

आज अचानक मार्केट में उसे अपनी ओर देखते पाया तो दिल की धड़कन कुछ बढ़ गई। सोचा भी न था कि स्मिता इस तरह अचानक टकराएगी। वह अकेली न थी, उसकी डेढ़-दो साल की बिटिया भी उसके साथ थी।

बात-बात में, "अब भी पीते हो?" स्मिता ने प्रश्न किया था। मैं, "अ...नहीं, अब सिर्फ चाय पीता हूँ," कहकर ठठा पड़ा था। हमारे कदम रेस्तरां की ओर थे।

खूब गप-शप हुई। पाँच साल हो गए थे हमें मिले हुए। मेरे बिना बताए शहर छोड़ चले आने के बारे में हलका-सा उलाहना दिया स्मिता ने। 'कभी ऐसा भी चलता है' के अन्दाज में ही उसने यह बात उठाई थी। इसलिए मैं भी मुस्करा कर रह गया था। किन्तु उठते हुए उसने एक और प्रश्न उछाला था—हँसते हुए, "इन पाँच सालों में कितनी लड़कियाँ बेवकूफ बनीं?"

उसकी हँसी और तेज हो गई थी।

स्मिता से मिलकर आज अचानक अतीत दिलो-दिमाग पर हावी हुआ जा रहा है। मैं पुरानी अटेची की जेब से कागज-पत्रों को बाहर निकालता हूँ। बस की टिकट से लेकर बीमे की रसीद तक, सभी कागजों का ढेर जमीन पर लगाता हूँ। कुछ पत्र भी हैं, उन्हें बारीकी से फाड़ता हूँ। और एक पुड़िया भी है, जिसमें बम भोले का प्रसाद है। इस पुड़िया में पाँच साल पुराना माल है, असर तो इसका समाप्त हो गया होगा, यह सोचकर भी मैं एक सिगरेट भर लेता हूँ। पहले कश में ही सिगरेट काली पड़ने लगी है। पाँच साल पुराना

माल आज के माल से ज्यादा कारगर है, सोचते हुए हँसी आती चली जाती है। यह गन्ध आज पाँच साल बाद मिली है। स्मिता ने स्मृति के जिन दरवाजों को उघेड़ा था, इस धुएँ ने पूरा-पूरा खोल दिया है।

पढ़ाई पूरी करने के बाद, अपनी औकात जानने में मुझे कोई छह महीने लग गए थे। मैं यह महसूस करने लगा था कि इन छह महीनों में न केवल मेरा, बल्कि मेरे माँ-बाप का भी वजन कम हुआ था। टाइप सीखने की सीख बहुत लोग दे चुके थे, सीखने की कोशिश भी की, किन्तु आगे न बढ़ सका। मैं कुछ भी काम करने के लिए स्वयं को तैयार कर चुका था। 'कुछ भी काम' की परिभाषा में जो काम आते थे, उन्हें मैं अपने शहर में रहकर नहीं करना चाहता था। काम-काज की वर्ण-व्यवस्था संस्कारों से मिली थी, जिसे मैं माँ-बाप के सामने तोड़ने की हिम्मत नहीं रखता था।

एक रोज अपने कपड़े-लत्ते समेट मैंने माँ-पिताजी से विदा ली। बहाना यह बनाया कि अमुक शहर में मेरे एक मित्र का कारखाना है जिसमें नौकरी मिल जाएगी। नया शहर मेरे लिए अजनबी था और वहाँ के लोग भी।

जब मैं इस अजनबी शहर में घुसा तब मेरा न वहाँ कोई दोस्त था और न कोई दुश्मन। हाँ, जेब में एक पाँच का नोट जरूर था जो हिम्मत बंधा रहा था।

सच, ईमानदारी, प्रतिभा और शालीनता ये कुछ बातें ऐसी थीं जिनके बारे में पिछले छह महीनों में मैंने एक ही राय बनाई थी कि ये हजार रुपये के उस नोट की तरह हैं जो अब चलन में नहीं हैं।

इस शहर में जाऊँ तो कहाँ। सामने लाइब्रेरी है, उसी ओर बढ़ गया। अखबारों में नौकरी के कालम छान रहे किशोरों से आई.ए.एस. से कम्बाइन्ड डिफेंस सर्विसेज और क्लर्क ग्रेड तक की परीक्षाओं के बारे में बातचीत करने लगा। दोस्ती की ओर यह पहला प्रयास था।

मैं इस शहर में एक बेरोजगार नहीं, बल्कि शोधरत छात्र था। लेकिन मैं यह भी बता चुका था कि अगर फालतू समय के लिए मुझे छोटा-मोटा काम मिल गया तो उसे करने से मुझे कोई परहेज नहीं होगा। बेरोजगार युवा मित्रों की मदद से मेरे रहने का प्रबन्ध हो गया।

पहले दिन ही मैं एक चाय पीकर पाँच रुपये की पूँजी को होटलवाले को दे आया था—जान-बूझकर। अगले दिन उस होटलवाले को बता दिया कि

मैं उसी होटल में खाना खाऊँगा और हिसाब-किताब पहली तारीख को हुआ करेगा।

नशा बुरा होता है, नशेड़ी नहीं। जिस होटल में मैंने अपने खाने का जुगाड़ भिड़ाया था, वह नशेड़ियों का अड्डा था। शुरू में तो मैंने उन्हें ऑब्लाइज करने के लिए एक सुट्टा मार लिया था, लेकिन धीरे-धीरे वही भोले बाबा का प्रसाद मेरी जरूरत बन गया।

यह होटल था कि पिनकियों और सनकियों का अड्डा। ज्ञान-विज्ञान के बारे में शिगूफे छोड़ने की अपनी आदत यहाँ बहुत काम आ रही थी। जब कोई साइन्स का घाघ पिनक में मंगलग्रह पर व्याख्यान शुरू करता तो मैं उसे स्वतन्त्रता संग्राम में घसीट लाता और जब कोई लोकतन्त्र में दबाव समूहों की उपयोगिता की बात करता तो मैं आर्य समाज की आज के जीवन में प्रासंगिकता को लेकर प्रवचन करता। ऐसा नहीं करता तो वर्षों से इसी होटल की इन्ही बेंचों पर बैठकर सात-सात घंटे रोज बहस करने के आदी इन लोगों के आगे मच्छर गिना जाता।

नशेड़ी भाइयों ने मुझे म्यूनिसिपैलिटी में वर्कचार्ज पर एकाउन्टेंट लगवा दिया था। नाम के लिए था तो एकाउन्टेंट, लेकिन तनख्वाह इतनी कम कि होटलवाले का ही हिसाब पूरा न हो सके। इन मित्रों को जब पता चला कि मैं इस तनख्वाह से खुश नहीं हूँ, तो मुझे समझाया गया कि म्यूनिसिपैलिटी की नौकरी तो भले ही वर्कचार्ज पर हो और भले ही तनख्वाह न भी मिले फिर भी कर लेनी चाहिए क्योंकि वहाँ तो आमदनी आदमी के हुनर पर निर्भर करती है। और फिर, मैं तो एक शोधार्थी था, सवा दो सौ रुपये को आनरेरियम समझ सकता था।

एक दोस्त ने कहा था, “मियाँ पहला लाख बनाना मुश्किल होता है, उसके बाद तो अगर आदमी में माद्दा हो तो करोड़पति बनना बहुत आसान होता है।” मैंने बारह तारीख को पाँच रुपये भिड़ाकर आनेवाली पहली तारीख तक का खाने का जुगाड़ तो कर लिया था लेकिन इधर रोज का जेब खर्च भी तो निकालना था। इसका भी बन्दोबस्त हो गया। बिजली-पानी का बिल जमा करने आनेवाले ऐसे लोगों को जो दोपहर बाद आते थे, ‘कैश बन्द हो गया’ कहकर अगले दिन आने को कहा जाता था। मैंने अपनी और उनकी परेशानी खत्म करने के लिए पैसे लेने का काम अपने हाथ में ले

लिया और दोपहर बाद आनेवालों की रसीद अगले दिन की तारीख में काटने लगा।

नये शहर में आया तो यह सोचकर था कि यहाँ कुछ भी काम कर लूँगा, जिससे सही पैसे मिल सकें। तब यह कहाँ मालूम था कि नया शहर भी एक दिन पुराना पड़ जाएगा। मित्र-मंडली बढ़ती जा रही थी। पी.डब्ल्यू.डी., फॉरेस्ट और कई अन्य विभागों के क्लर्की के उन प्रत्याशियों के साथ साक्षात्कार की लाइन में खड़े होना मेरे बूते के बाहर की बात थी, जो मुझसे परामर्श लेकर साक्षात्कार के लिए जाया करते थे। मैं यूँ ही खींचता रहा।

'टके तो टक-टके, नहीं तो झक-झके' वहाँ एक कहावत प्रचलित थी। गाँठ में पैसा है तो मुँह पर एक खास रौनक होती है, वरना होठों पर जीभ कितनी ही फिराते रहो वे सूखे ही रहेंगे। मैं जमकर नहाता, तह किए कपड़े पहनता। लेकिन जाने क्या बात थी कि चेहरे से कैल्शियम और आइरन की कमी सब कुछ बयान कर देना चाहती। इस कमी को छुपाने के जितने प्रयास करता, वह उघड़ती चली जाती।

घर से आए हर पत्र में बुरी संगत व व्यसनों से दूर रहने की हिदायत होती। इसका कारण संभवतः यही था कि महीनों नौकरी करने के बावजूद एक धेला घर को नहीं भेज पाया था। माँ-बाप शायद निश्चित मत बना चुके थे कि मैं व्यसनों में डूब गया हूँ।

इसी बीच स्मिता से मिलना बढ़ गया। उसके लिए मैं म्यूनिसिपैलिटी में हजार रुपये मासिक कमानेवाला एकाउन्टेंट और एक शोध छात्र था। स्मिता कई बार मेरे कमरे में आई थी, लेकिन वहाँ एक बिस्तर, एक चारपाई और सुराही से अधिक उसे कुछ नहीं दिखाई दिया। एक दिन उसने कह दिया, "इतना कमाते हो, कम से कम पर्दे तो लगवा सकते हो। शराब-वराब में तो पैसे बर्बाद नहीं करते?"

मैं संकुचाया भर। स्मिता यह मानकर चलने लगी थी कि मैं पियक्कड़ हूँ और मैंने भी स्वयं इस बात से कभी पूरी तरह इनकार नहीं किया। बात-बात में मैं स्वयं भी शराबी कहलाना चाहता था। मैं मानता था कि शराबी एक कंगाल से कहीं बेहतर होता है और मैंने बेहतर दिखने का सदैव प्रयास किया। स्मिता ने जब-जब शराब की बुराइयों का जिक्र किया, मैंने तब-तब शराब छोड़ देने का वायदा किया।

दरअसल मैं यह मानने को कतई तैयार नहीं था कि मेरी महीने भर की कीमत सवा दो सौ रुपये है। मैं कोशिश करता कि मेरी कीमत कम से कम इसकी तिगुनी आंकी जाये। बम भोले का प्रसाद पच्चीस पैसे रोज का बैठता था, जिससे मैं दस रुपये रोज की शराब का काम लेता और इस प्रकार अपनी आमदनी बढ़ा लेता।

घर से पत्र आते, जिनमें घर आने को कहा गया होता। घर में माँ, पिता, भाई-बहन सबकी कुछ अपेक्षाएँ होंगी, मैं क्या लेकर उनके पास जाऊँ, यह सोचकर मैं पत्र का जवाब नहीं देता। पिताजी मेरी शादी का संकेत एक पत्र में दे ही चुके थे। उन्होंने कई जगह बता दिया होगा कि उनका सपूत पढ़ाई खत्म होते ही कमा-खा रहा है। जब-जब मैं अपने अभिनय पर नजर दौड़ाता मुझे बरबस हँसी आती।

पढ़ाई पूरी करने के बाद छह महीने तक मैंने जो सच के पापड़ बेले थे, उनकी किसी ने बोली नहीं लगाई थी। अब मैं झूठ पर प्रयोग कर रहा था। सच ने मुझे अनस्मार्ट बना दिया था, इसलिए अब मैं स्मार्ट बनने की प्रक्रिया में था। मैंने देखा था कि इसी झूठी शान के बल पर कई दिवालिया लोग बड़े-बड़े बिजनेस सँभाले हुए हैं तो मैं स्वयं क्यों नहीं झूठ के सहारे चल सकता था।

शराब की लत छोड़ने के लिए स्मिता का दबाव बढ़ता ही रहा। अपनी कसम से लेकर बात न करने की धमकी तक वह दे चुकी थी। डिप्लोमेट की खाली बोतलें मेरी चारपाई के नीचे उसने कई बार देखी थीं। मैं उन बोतलों को कभी-कभी बदल दिया करता। स्मिता ने मुझे सैडिस्ट करार दिया था और मैंने इस पर सहमति ही व्यक्त की थी। एक शाम एक लम्बे अन्तराल के बाद वह मुझे सड़क पर मिली। शराब न छोड़ने का विरोध जताने के लिए वह कई दिनों तक नहीं मिली थी। बातचीत के बीच में ही अचानक उसने बात का रुख बदला था, "सुनो, तुम शादी कर लो, तुम्हारी यह आदत छूट जाएगी।"

"क्यों, कोई लड़की देखी है क्या?"

"हाँ, वरना तुम नहीं सुधरोगे। सच, मैं सीरियसली कह रही हूँ, कल तक जवाब दे देना।"

तब से कई कल गुजरे, कोई सम्वाद नहीं हुआ। कई बार चाहा कि बता दूँ–मैं कंगाल हूँ, मैं शराबी नहीं हूँ, किन्तु ऐसा नहीं कर पाया। मुझे

लगा कि झूठ के सहारे इस शहर में ज्यादा दिन नहीं रहा जा सकता। यह विडम्बना ही थी कि जिन लोगों से मैं छद्‌म कर रहा था वे अपने होते जा रहे थे। पिताजी ने स्वयं मेरे पास पहुँचने की बात लिखी थी। मैंने शहर छोड़ने में ही भलाई समझी। होटल के पिनकी दोस्त और स्मिता, दोनों को भुलाता रहा महीनों तक।

तब से पाँच वर्ष खूब दौड़-धूप के रहे, किन्तु मन का अन्तर्द्वन्द्व कम होता चला गया। सच और झूठ बेमानी हो गए। किशोरावस्था में होते तो इस स्थिति को कोई नाम देते, किन्तु अब इसे नाम देने की जहमत नहीं उठाता। अब मैं बेरोजगार नहीं हूँ और कैल्शियम व आइरन की कमी भी मेरे चेहरे से नहीं झाँकती है। अब जमकर नहाना मेरी जरूरत नहीं है और बिना तह किये कपड़ों में भी मैं ठीक-ठीक दिखता हूँ।

भोले बाबा के प्रसाद की मस्ती धीरे-धीरे घटने लगी है। स्मिता का प्रश्न, कि मैंने इन पाँच सालों में कितनी लड़कियों को बेवकूफ बनाया, अब भी कानों से टकरा रहा है। पैसा हाथ में आने के बाद मैंने कितनों से अभिनय कराया, मुझे याद नहीं और मुझे यह भी मालूम नहीं कि अभिनय को जीनेवाला बेवकूफ बनता है या अभिनय को भोगनेवाला। हाँ अगर अब मैं चाहूँ तो भी अभिनय नहीं कर सकता, अब अभिनय करना मेरी मजबूरी नहीं है।

संक्रमण

चार नम्बर फ्लैट के बाहर, जहाँ सर्दियों में महिलाएँ धूप सेकने के लिए इकट्ठी होती थीं, वहाँ बाड़ लगाकर दूब उगाई जा रही थी। कालीन और गलीचे बाहर सुखाने डाल दिए गए थे। उनके ऊपर सिल्की साड़ियाँ और शालें भी सूख रही थीं। वर्दीवाले ड्राइवरों की जमात एक तरफ बैठी सिगरेट फूँक रही थी। सामने खड़ी मैटाडोर और कारों पर एक कॉरपोरेशन का नाम लिखा था। यह तय था कि चार नम्बर के फ्लैट में आनेवाला किरायेदार कॉरपोरेशन की मोटी हस्ती था।

और, था भी। तनेजा साहब कॉरपोरेशन में हैं। यूँ तो उनका अपना मकान भी है, लेकिन सरकारी कॉलोनी में रहने इसलिए आए कि यहाँ बच्चे बिगड़ते नहीं। भगवान का दिया सब कुछ है। ट्रांसपोर्ट सैक्शन के इन्चार्ज हैं। एक न एक गाड़ी हर समय घर पर रहती है। कामकाज के लिए छोटू है। सुन्दर और आधुनिका पत्नी है।

बाबू कॉलोनी के इस ब्लॉक में जब से तनेजा परिवार आया है, महिलाओं की बातचीत का विषय ही बदल गया है। मिसेज तनेजा जब बन-ठनकर कार की तरफ बढ़ती हैं तो एक उड़ती नजर इर्द-गिर्द की बालकनियों पर अवश्य डालतीं हैं। बालकनियों में खड़ी समान वय की महिलाएँ निरपेक्ष दृष्टि से उनकी ओर देख, अपने काम में जुटे होने का दिखावा करती हैं। कार के चले जाने पर आइ ब्रो उचकाकर सांकेतिक बातें करतीं, "देखा महारानी को।" वे इस बात पर एकमत नहीं हो पाई हैं कि

श्रीमती तनेजा के मायकेवाले ज्यादा अमीर हैं या ससुरालवाले। अधिकतर महिलाओं की राय है कि ससुरालवाले ही ज्यादा अमीर हैं।

एक रोज शोरगुल सुनकर मैं बाहर निकला तो देखता हूँ कि तनेजा साहब के बगीचे में दो महिलाएँ जी भरकर गाली-गलौज कर रही हैं। इर्द-गिर्द खड़े लोगों की संख्या बढ़ती ही जा रही है। लड़नेवालों में एक तो तनेजा साहब की पत्नी हैं और दूसरी शर्मा जी की। शर्मा जी की पत्नी किसी प्रतिष्ठित निजी कम्पनी में रिसेप्शनिस्ट हैं, वे धड़ा-धड़ अंग्रेजी मारे जा रही हैं। तनेजा साहब की पत्नी ज्यादा अंग्रेजी नहीं जानतीं इसलिए वो खुलकर नहीं बोल पा रही हैं। दोनों महिलाएँ मुक्तकेशी हैं। एक-सा काजल, एक-सी लिपस्टिक, साड़ी बाँधने का एक-सा स्टाइल, कई सारी समानताएँ हैं उन दोनों में। फिर भी जाने क्यों इस तरह लड़ी जा रही थीं। लड़ते-लड़ते उन्होंने एक-दूसरे को वेश्या तक की पदवी दे डाली।

वाक्‌युद्ध तो कुछ देर में समाप्त हो गया, लेकिन एक बात जो गौर-तलब थी वह यह कि दोनों महिलाओं में रुचियों की अद्‌भुत समानता थी। जाने ऐसी कौन सी बात हुई कि दोनों एक दूसरे को इतनी भद्‌दी गाली देने लगीं।

लड़ाई की बात तो आई-गई हो गई, लेकिन इन दिनों मुहल्ले में एक अजीब परिवर्तन दिखाई देने लगा। लगभग सभी युवा महिलाएँ मुक्तेकेशी बनती जा रही थीं। सच कहूँ तो मुझे अपने ब्लॉक की सभी महिलाएँ एक-सी दिखाई देने लगीं। सभी घरों के शयन-कक्षों में रूम कूलर झाँकने लगे थे। लगता था जैसे यह सुविचारित समानता थी।

एक रोज बात-बात में इस समानता का जिक्र आया तो मजूमदार का विचार था कि यह समानता इंजीनियर तनेजा की बीबी की उपज है। ब्लॉक की सभी महिलाएँ उसी की तरह ठाठ से रहना चाहती हैं और उसी प्रक्रिया में वे एक-सी दिखती हैं। यही समानता हमारी राष्ट्रीय एकता की धुरी है। 'यू नो साउथ से लेकर नॉर्थ तक सभी महिलाएँ एक-सी हैं।' उसकी बात में सच्चाई लग रही थी। किसी प्रचार-माध्यम की तरह उसने भी नकल की प्रवृत्ति को 'एकता का सूत्र' के रूप में परिभाषित करने का प्रयास किया था। ठीक तो कहा उसने। जब यह कहा जा सकता है कि अंग्रेजों ने भारत को एक सूत्र में पिरोया तो यह भी कहा ही जा सकता है कि नकल की प्रवृत्ति भारत को एकता प्रदान करती है।

मैं मजूमदार का प्रतिवाद करता भी, लेकिन तभी वर्मा जी बातचीत में शामिल हो गए। बात-बात में उन्होंने रहस्योद्घाटन किया कि बारह नम्बरवाली मैडम को उन्होंने गुप्ता फैन्सी कार्नरवाले के साथ उसकी कार में देखा। कुछ दिनों बाद जैन साहब ने भी इस बात की पुष्टि की कि बारह नम्बर में गुप्ता फैन्सी कार्नरवाले का आना-जाना काफी बढ़ गया है। गुप्ता फैन्सी कार्नरवाला इतना भद्दा था कि लोगों की बात पर भरोसा ही नहीं हो रहा था। लेकिन कानाफूसी इस कदर बढ़ गई कि मुहल्लेवालों से जब भी मिलना होता, कुछ नई बात सुनाने को कहना पड़ता। एक रोज पता चला कि बारह नम्बर में लड़ाई-झगड़ा हुआ और पति-पत्नी अलग-अलग रहने लगे।

थोड़े दिनों में एक और खबर आई कि तनेजा जी के नौकर छोटू का चौदह नम्बरवाली के यहाँ आना-जाना बढ़ गया है। छोटू भी देखने का न दर्शन का। हाँ, कुछ दिनों से वह साफ कपड़े पहनने लगा था। वरना गर्मियों में तो वह नेकर पहनकर तनेजा जी के बगीचे की खुदाई पर ही लगा दिखता था। चौदह नम्बरवाली प्रौढ़ हो चली थी, लेकिन उसने विवाह नहीं किया था। वह नौकरी करती थी। लोग उसे बहनजी के नाम से पुकारते थे। कभी बाजार से सामान ला रही होती तो छोटू सीढ़ियों से ऊपर चढ़ा देता। लेकिन बहनजी को छोटू में क्या दिखाई दिया कि अपना जप-तप...। बहनजी के बारे में मैं इतना ही जानता था कि एक बार मजूमदार ने उसके सामने विवाह का प्रस्ताव रखा तो उसने प्रस्ताव अस्वीकृत कर दिया। बहुत सम्भव था कि अपना प्रस्ताव ठुकराए जाने पर ही मजूमदार ने यह अफवाह फैलाई हो। छोटू घर का नौकर है और उससे बहनजी का नाम जोड़कर बहनजी को भलीभाँति बेइज्जत किया जा सकता था। वैसे भी अकेली महिला को लोग रिजर्व में ही रखते हैं, जब कोई मसाला न मिला तो उसी पर कोई कहानी जोड़ ली। लेकिन उसका नाम छोटू से जोड़ा जाना किसी की घटिया शरारत लगती थी।

"डियर, तुमने एक चीज नोट किया?"

"क्या?"

"इस ब्लॉक में पिछले छह महीने में तीन बड़ी घटनाएँ हुईं। मिसेज तनेजा और मिसेज शर्मा के बीच गाली-गलौज हुई। बारह नम्बरवाले की घरवाली उसे छोड़कर चली गई और छोटू के बारे में तो तुमने सुन ही लिया

होगा। घरों में जो छोटा-मोटा लड़ाई-झगड़ा बढ़ा है सो अलग। पिछले दस साल से हूँ इसी ब्लॉक में, लेकिन ऐसा कभी नहीं हुआ।"

"लेकिन अब हो गया है।" बेसिर पैर की बात पर ठहाका लगाने के अलावा कोई उपाय नहीं था।

"तुम सीरियसली नहीं ले रहे हो। तुम पर नजला गिरेगा, तभी तुम्हें पता चलेगा।"

"मुझ पर क्या नजला गिरेगा। मैं सुबह घर से निकल जाता हूँ और शाम को वापस आता हूँ। मुझे मुहल्लेवालों से क्या मतलब। वे लड़ते रहें मेरी बला से।"

"तुम फिर बात को नहीं समझ पा रहे हो। जानते हो ये घटनाएँ कब से होनी शुरू हुईं? जब से इंजीनियर तनेजा का परिवार यहाँ आया। मिसेज शर्मा मिसेज तनेजा से इसलिए लड़ीं कि वह मिसेज तनेजा को अपने से ज्यादा ऐशो आराम में नहीं देख सकतीं। मिसेज शर्मा के पास कार नहीं है और मिसेज तनेजा के डिस्पोजल पर कॉरपोरेशन की कार हर समय रहती है। बारह नम्बरवाली ने गुप्ता से दोस्ती इसलिए की मिसेज तनेजा को कार में सफर करते देख उसे अपनी घरेलू जिन्दगी फूहड़ लगने लगी थी। चौदह नम्बरवाली की छोटू से पहचान इसलिए बढ़ी कि वह जानना चाहती थी कि मिस्टर तनेजा अपनी मिसेज के लिए इतने सुख-साधन जुटाते हैं, क्या प्यार भी इतना ही करते हैं। छोटू उसे साहब और मेम साहब की सारी बातें बताता था या बताने की कोशिश करता था।"

"अगर मिसेज शर्मा और बारह नम्बरवाली मैडम, दोनों मिसेज तनेजा के ऐशो आराम से बहुत प्रभावित थीं तो उन पर प्रतिक्रिया अलग-अलग ढंग से क्यों हुई? मिसेज शर्मा उससे लड़ पड़ीं, जबकि बारह नम्बरवाली ने गुप्ता फैन्सी कार्नरवाले से दोस्ती कर ली।"

"मिसेज शर्मा खुद भी कमाती हैं और आदमी की क्षमताओं के सन्दर्भ में पैसे की कीमत को अधिक अच्छी तरह जानती हैं। फिर भी ईर्ष्या पर उसका वश नहीं है। ईर्ष्या की परिणति लड़ाई में हुई। दूसरी तरफ बारह नम्बरवाली, जो कभी-कभी प्राइवेट स्कूलों में टीचरी करने के बाद घर तक ही सीमित थी, वह इसे अपना दुर्भाग्य मानती थी कि उसके पति के पास कार नहीं हैं। इस मामले में ईर्ष्या नहीं ग्लानि है।"

"मजूमदार घुटा हुआ उस्ताद लग रहा था। मेरी हर जिज्ञासा को उसने इस तरह शान्त किया कि मैं उसका कायल हो गया। बहनजी को उसकी विश्लेषण शक्ति का पता नहीं था, वरना वह प्रभावित हुए बिना न रह पातीं।"

एक दिन मजूमदार सुबह आया।

"डियर, सुना है बहनजी ने छोटू से मैरिज कर लिया।"

"क्या"?

"हाँ, देखा, मैंने कहा था न कि मोहल्लेवाले सही बात करते हैं।"

"मिसेज तनेजा के रुपए-पैसे ने महिलाओं को चुंधियाया, यह बात तो समझ में आई, लेकिन छोटू में बहनजी ने भला क्या देखा?" मैंने पूछा।

मजूमदार ने कन्धे उचका दिये। वह यह सवाल मुझसे ही पूछना चाह रहा था।

बाहर शोर बढ़ता ही जा रहा था। मैंने खिड़की से झाँका तो मिसेज तनेजा और बहनजी में आपस में युद्ध छिड़ा हुआ था। छोटू को लेकर एक दूसरे को गालियाँ दी जा रही थीं। छोटू सीढ़ियों पर खड़ा बीड़ी फूँक रहा था।

प्रकृति का चुम्बन

गोबिन्दघाट से घांघरिया पहुँचते थकान से हालत काफी खस्ता हो चली थी! सुबह नौ बजे चल पड़ा था गोबिन्दघाट से और घांघरिया पहुँचते डेढ़ बज चुका था। किसी तरह विकास निगम के पर्यटक आवास में जगह मिल गई–एक कोठड़नुमा कमरा। खुले आसमान में रहने की नौबत न आई, यही बड़ी बात थी। चाय पीने के बाद बिस्तर पर पसर गया। कब नींद आई पता नहीं। जब नींद खुली तो शाम के छह बज चुके थे। पर्यटकों की खटर-पटर जारी थी।

मैं शाल ओढ़कर बाहर आता हूँ–लगभग अँधेरा है, बिजली है नहीं। सामने ढाबों पर जो पेट्रोमैक्स जल रहे हैं, वे कुहरे में दीये जैसे लग रहे हैं। सीढ़ियों पर दो विदेशी पर्यटक स्टोव में नूडल्स तैयार कर रहे हैं। ढाबे पर अधपकी दाल और चावल मिल रहा है। मैं भी एक प्लेट ले लेता हूँ। लेकिन दस हजार फीट की ऊँचाई की वजह से या थका होने के कारण चार-पाँच कौर से ज़्यादा नहीं खा पाता और वापस अपने कमरे में मोमबत्ती जलाने का उपक्रम करने लगता हूँ। बाहर कोई पर्यटक दारू खोज रहा है, निगम का कर्मचारी उसे बता रहा कि यह ड्राई एरिया है, इसलिए यहाँ शराब नहीं बिकती। मैं अब कपड़े बदलता हूँ। कपड़े टाँगने के लिए कोई खूँटी नहीं है इसलिए सिरहाने रखकर रजाई में घुस जाता हूँ। बाहर पर्यटकों का कोलाहल जारी है। बड़ी देर तक नींद नहीं आती, पिंडलियों में दर्द हो रहा है। मैं रेडियो

खोलता हूँ। पहाड़ों पर रेडियो सुनना अच्छा लगता है। रेडियो सुनते-सुनते नींद आ जाती है।

पहले तो मुझे लगता है कि मैं सपना देख रहा हूँ—जैसे कोई दरवाजा खट-खटा रहा है। लेकिन थोड़ी देर बाद पूरी तरह जागने पर मालूम होता है कि सचमुच में कोई दस्तक दे रहा है। मुझमें उठने की हिम्मत नहीं है। पैरों में अब भी दर्द है। मैनेजर पूछने आया होगा मोमबत्ती तो नहीं चाहिए। जब मैं रेडियो सुन रहा था, वह पासवाले कमरे में किसी से मोमबत्ती की बाबत पूछ रहा था। मैं दस्तक का कोई जवाब नहीं देता हूँ और दस्तक बन्द हो जाती है, मैं फिर सो जाता हूँ।

सुबह चार बजे खच्चरवालों की गहमा-गहमी शुरू हो गई है। खच्चरों की घंटियों और खच्चरवालों की हे-हे के साथ-साथ लोगों के बतियाने की आवाज बढ़ रही है। मैं लेटा-लेटा उजाले की प्रतीक्षा करता हूँ। पाँच बजे के करीब दरवाजा खोलता हूँ तो दरवाजे के पास चारपाई अड़ी है, कोई विदेशी महिला सोई है जिसके बाल स्लीपिंग बैग से बाहर दिखाई दे रहे हैं। अच्छा, तो यही महिला थी जो रात को दस्तक दे रही थी। मैं महिला की नींद में खलल डाले बिना चुप-चाप बरामदे से बाहर निकल आता हूँ। ढाबेवाला भट्ठी सुलगा रहा है। उसके पास चीनी नहीं है। मैं फीकी चाय की इन्तजार करता हूँ। दो महिलाएँ ढाबेवाले की खुशामद कर रही हैं कि वह एक-एक केतली गर्म पानी नहाने के लिए जल्दी दे, वरना बाद में उजाला हो जाएगा।

मैं वापस कमरे में लौट आता हूँ। थोड़ी देर में एक विदेशी महिला अपना रकसैक मेरे कमरे में रखने की अनुमति माँगती है। मैं उससे पूछता हूँ—क्या उसी ने रात को दरवाजा खट-खटाया था, तो वह हँसते हुए “हाँ” में जवाब देती है। मैं रात को दरवाजा न खोलने के लिए क्षमा माँगता हूँ और बताता हूँ कि ज्यादा थका होने के कारण दरवाजा नहीं खोल पाया।

वह अमरीकी महिला है, घूमने के लिए भारत आई है। मैं भारत के बारे में उसकी प्रतिक्रिया जानना चाहता हूँ तो वह खूब तारीफ करतीं है। कुछ देर बतियाने के बाद हम दोनों ढाबे की तरफ बढ़ते हैं। ढाबे का मालिक पर्यटकों को किस्सा सुना रहा है कि रात को उसके स्टोर में सफेद भालू आ गया था। उसने नौकर को आटा लेने के लिए भेजा तो उसने देखा भालू आटे

की बोरी के ऊपर बैठा था। नौकर के स्टोर में घुसते ही भालू छलाँग मारकर बाहर निकल आया। नौकर बार-बार कह रहा था कि एक भालू तो बाहर निकल गया लेकिन दूसरा अभी अन्दर ही है। शायद उसने लैम्प की रोशनी में भालू की परछाई को भी भालू ही मान लिया था और समझा कि अन्दर दो भालू थे, जिनमें से एक बाहर निकल गया। अमरीकी महिला को हिन्दी समझ नहीं आ रही है, फिर भी वह ढाबेवाले के किस्सागोई के हाव-भाव से आनन्दित हो रही है।

चाय पीने के बाद हम फूलों की घाटी के लिए प्रस्थान करते हैं। करीब फर्लांग भर बाद हेमकुण्ड साहब के लिए रास्ता अलग हो जाता है। सामने एक तम्बू लगा है वन-विभाग का, जिसमें हम अपना नाम-पता लिखते हैं। वह अपना नाम जैक्लीन और पता यू.एस.ए. लिखती है। हम आगे बढ़ते हैं। करीब एक किलोमीटर चलने के बाद ढलान शुरू होती है। नीचे पुष्पावती नदी बह रही है। हम जल्दी ही नदी तक उतर आते हैं। अभी कच्चे पुल से ही नदी पार करनी है, पक्का पुल बगल में बन रहा है। पुल पार करते ही चढ़ाई है। मैं मन ही मन खुश होता हूँ कि मौसम साफ है, फूलों को उनकी पूरी चमक के साथ देखा जा सकता है। हमारे आगे दो महिलाएँ चल रही हैं। शायद उनके साथी आगे निकल गए हैं। वे महिलाएँ थोड़ा रुकती हैं और हमारी तरफ देखकर ज़ोर-जोर से हँसती हैं। मैं उनके हँसने का कारण नहीं समझ पाता हूँ और जैक्लीन की तरफ देखता हूँ, वह भी हँस रही है। उसके दाँत बेहद खूबसूरत लग रहे हैं। जैक्लीन प्रस्ताव करती है कि हमें तेज चलकर उन महिलाओं से बात करनी चाहिए। ये महिलाएँ कानपुर से आई हैं।

अब चढ़ाई लगभग खत्म, और रास्ता सीधा शुरू हो गया है। सामने पुष्पावती नदी ग्लेशियर के नीचे से निकल रही है। ग्लेशियर फटा दिख रहा है, जैसे बड़ी ह्वेल मछली ने अपना मुँह खोला हो। रास्ते में एक पेड़ की नंगी जड़ें पत्थरों को जकड़े हुए हैं। जमीन के अन्दर तो हर पेड़ मिट्टी-पत्थर को पकड़े रहता होगा लेकिन यह खुद को खड़ा रखने के लिए आखिरी दम तक कोशिश कर रहा है। हो सकता है अगले वर्ष तक यह पुष्पावती में लुढ़क जाये। रास्ते के किनारे दीवारबन्दी की जाती तो यह पेड़ बच सकता था।

अब पेड़ों का सिलसिला भी खत्म, छोटी-छोटी घास शुरू हो गई है। रास्ते के अगल-बगल फूल दिखने शुरू हो गये हैं, हल्के नीले रंग के

छोटे-छोटे। कुछ लोग इन फूलों को गौर से देख रहे हैं। एक व्यक्ति उनको बता रहा है, इस फूल का नाम है 'फारगेट मी नाट'। अब फूलों की घाटी साफ दिखाई देने लगी है। सामने शंकुनुमा पर्वत है। ये राताबन पहाड़ है। फूलों की घाटी के करीब पाँच किलोमीटर के बाद आखिरी छोर पर है यह पर्वत। कुछ आगे चलने के बाद एक सरिता मिलती है। इस पर लकड़ी की कच्ची पुलिया है जिसे पार कर हम सरिता के दूसरे किनारे के पत्थर पर बैठ जाते हैं। सरिता का उद्गम एक झरना है जो यहाँ से बिलकुल करीब है। जिस चट्टान से यह झरना बह रहा है वह आसमान से बिलकुल मिली हुई दिखाई दे रही है। तसवीर खींचना चाहता हूँ लेकिन धूप की दिशा ठीक नहीं है इसलिए सोचता हूँ वापसी में खींच लूँगा।

कुछ देर सुस्ताने के बाद हम आगे चल देते हैं—पोलिगोनम की झाड़ियों के बीच से। पोलिगोनम की पौध यहाँ इस कदर बढ़ गई है कि अन्य फूलों के लिए जगह ही नहीं छोड़ी है। हमें बताया जाता है कि पहले यहाँ भेड़-बकरियों के चुगने पर प्रतिबन्ध नहीं था। मई महीने में जब इस पौध पर कोंपल आती थी तभी बकरियाँ इसे चुग लेती थीं जिससे इसकी बढ़त सीमित हो जाती थी और अन्य फूलों को भी उगने और बढ़ने का मौका मिलता था। लेकिन अब वन-विभागवाले इसे काटते भी हैं तो अगस्त-सितम्बर में जब इस पर बीज आ जाते हैं। इससे पोलिगोनम दुगुनी तादाद में उग आता है। लगभग झाड़ी का रूप ले चुके करीब छह-सात फीट लम्बे पोलिगोनम के पौधों को दोनों हाथों से इधर-उधर कर देखते हैं तो कई फूलों की पौध दिखाई देती हैं। गहरे लाल रंग के फूलों पर स्वाभाविक भंवरे की सी आकृति, यह 'टरमोप्सिस बरबेटम' है। कहीं पर गुड़िया की फ्राक जैसे और हल्के नीले रंग के 'ब्ल्यू पॉप्पी', कहीं गहरे सुर्ख लाल 'पोटेंटिला', सफेद और हल्के पीले 'स्पिरा नेपालेसिस', पाँच पंखुड़ियोंवाले गुलाबी रंग के जेरेनियम, सभी फूल-पौधे अपने अस्तित्व के लिए पोलिगोनम जैसे मजबूत पड़ोसी से संघर्ष करते लग रहे हैं।

अभी पोलिगोनम का सिलसिला खत्म नहीं हुआ। हम झाड़ियों के बीच से आगे बढ़ते हैं। यहाँ पर छोटी हरी घास है जिस पर पाँच-छह पर्यटक बैठे हैं। इस स्थान को गाइड लोग पिकनिक स्पॉट कहते हैं। शीतल पेय के खाली पैकेट, पोलिथिन की थैलियाँ, टाफियों के कागज आदि इधर-उधर बिखरे पड़े

हैं। हम भी इस घास पर बैठ जाते हैं। बैठने और घास में हाथ फेरने पर पता चलता है कि यह सिर्फ घास नहीं है, बीच में बिलकुल छोटे-छोटे रंग-बिरंगे फूल भी हैं। घास के अन्दर भी फूल हैं, तभी फ्रैंक स्माइथ ने इसे पहली ही नजर में—'फूलों की घाटी' नाम दिया होगा।

जैक्लीन को यह जानकर आश्चर्य हुआ कि कुछ पर्यावरणवादियों के कहने पर घाटी में भेड़-बकरी की चराई बन्द कर दी गई है। गाइड बताता है कि चराई पर प्रतिबन्ध से पहले भेड़-बकरियों के खुरों से फूलों के बीज जमीन में इंचभर नीचे चले जाते थे जिससे वे सर्दियों में बर्फ गिरने के बाद भी जमीन के अन्दर अपने लिए जरूरी गर्मी प्राप्त कर लेते थे। बकरियों का गोबर भी इन फूलों के लिए खाद का काम करता था। लेकिन चराई बन्द होने से पर्यावरण का सन्तुलन बिगड़ गया और पोलिगोनम शेष सभी फूलों के लिए खतरा बन गया है। सजगता का अतिरेक भी नुकसानदायक हो जाता है। पहाड़ के पर्यावरण में भेड़-पेड़ के महत्त्व की पुरानी कहावत सही लगती है।

हम और आगे राताबन पहाड़ की तरफ निकल आते हैं। यहाँ दल-दल शुरू हो गई है। जगह-जगह पर रंग-बिरंगे सैंकड़ों किस्म के फूल दिखने में आते हैं। दल-दल पार करते ही फिर एक नदी है। जैक्लीन अंजलि भरकर पानी पीने लगती है। मैं एक पत्थर पर बैठ जाता हूँ। यहाँ बैठकर मन होता है, जोर-जोर से गाना गाऊँ। अतीत की याद बिलकुल नहीं आती। मस्तिष्क में एक अजीब-सा शून्य। तभी एक लड़का और एक लड़की हमारे सामने से गुजरते हैं। दोनों की उम्र बीस वर्ष के करीब। वे दोनों भी पानी पीने लगते हैं। मैं उन्हें कैमरे में कैद कर लेता हूँ। जैक्लीन भी उन्हें देखकर मुस्करा रही है। शायद वह भी उनके चेहरे पर मृग और मृगी की-सी मासूमियत को उसी तरह बांच रही है जैसे मैं। लड़का और लड़की का यह जोड़ा फूलों की घाटी की समग्रता में कितना स्वाभाविक लग रहा है। वे दोनों चल पड़ते हैं। सीने में मीठी-मीठी-सी अनुभूति। वाह री पुष्प घाटी! मैं आँखें बन्द कर लेता हूँ।

मुझ पर पानी के छीटें पड़ते हैं तो मेरी तंद्रा भंग होती है। जैक्लीन हँस रही है। उसकी खूबसूरत हँसी, लगता है अपने आसपास इतनी सारी खूबसूरती मुझ से बर्दाश्त नहीं होगी। मैं अपलक उसे देखता हूँ।

"क्या देख रहे हो"

“तुम्हारे दाँत बहुत सुन्दर हैं”

“तोड़कर दे दूँ”

“नहीं, इनके निशान दे दो—मैं अपना हाथ आगे कर लेता हूँ। जैक्लीन मेरे हाथ पर दाँत गड़ाती है और फिर चूमकर अलग हो जाती है।”

आसमान में बादल घिर आए हैं। करीब साढ़े तीन बज चुके हैं। हम वापस हो जाते हैं। हल्की बारिश होने लगी है और कुहरा-सा उठ रहा है। अब हमें अपने आस-पास तीन फीट से ज्यादा दूर नहीं दिख रहा है। पिकनिक स्पॉट पर पहुँचते हैं, वहाँ से मैने झरने की फोटो लेने की सोची थी। लेकिन अब कुहरे में झरना दिखाई ही नहीं दे रहा है। मुझे अफसोस है कि मैं झरने का फोटो नहीं ले पाया।

अब रास्ता उतार का है, कुहरा कुछ छँटने लगा है। हल्की बारिश अब भी हो रही है। मेरी रफ्तार तेज है। जैक्लीन पीछे छूट गई है। वह घाटी को अलविदा कहने से पहले नजर भर देख रही है शायद, मैं पुष्पावती के पुल पर उसकी प्रतीक्षा करता हूँ। करीब दो फर्लांग वापस जाने पर देखता हूँ जैक्लीन रास्ते के नीचे एक झाड़ी में फँसी है और ऊपर आने का उपक्रम कर रही है। शायद किसी फूल को तोड़ने के लालच में फिसल गई थी। मैं ऊपर को खींचता हूँ, लेकिन कपड़े फट जाने के डर से फिर हाथ ढीला कर देता हूँ। अँधेरा घिर रहा है, ज्यादा समय भी तो नहीं गँवाया जा सकता। मैं जैक्लीन को असहाय नजरों से देखता हूँ। लेकिन जैक्लीन के कहने पर कि कपड़ों की चिन्ता न करो, मैं एक झटके में उसे खींच लेता हूँ। उसके हाथ-पाँव पर खरोंच है, कहीं-कहीं खून भी निकल आया है। हमारे पास कोई मलहम भी नहीं हैं कि लगाकर आराम मिले। तब जैक्लीन ने ही ढाढ़स बँधाया—‘प्रकृति का यह चुम्बन है। सौगात के रूप में ले जाऊँगी अपने साथ।’

गाली

गुप्ता ने सोचा कुछ भी हो जाय, अब पाँच साल तक हिलूंगा नहीं यहाँ से। तमाम दिल्ली का चक्कर काटने के बाद यह फ्लैट हाथ आया था। अरोड़ा प्रापर्टी डीलर, राज प्रापर्टी डीलर, पप्पू एस्टेट एजेंट, चौधरी सन्स एंड कम्पनी और जाने किस-किस के चक्कर काटे थे उसने। शुरू में तो धूप, हवा, पानी और कई कमियाँ बताकर मीन-मेख निकालता रहा, लेकिन आखिरकार स्थिति ऐसी आई कि बिना हवा-पानी के भी चलेगा।

सरकारी कॉलोनियों में हो रही चैकिंग ने हड़कम्प मचा दिया था किरायेदारों में। उसी का नतीजा था कि किरायेदार विकासपुरी, दिलशाद गार्डन और शालीमार बाग जैसी दूर-दराज की प्राइवेट कॉलोनियों की खाक छानने लगे। पिछले साल भी आना हुआ था इस मुहल्ले में, तब एक-आध प्रापर्टी डीलरों के ही बोर्ड लगे देखे थे, वो भी मेन रोड के सामने। लेकिन अब तो गली-गली में प्रापर्टी डीलरों की जैसे बाढ़ ही आ गई है। इस पेशे में चाँदी हो रही है। तभी यहाँ हर तीसरा आदमी प्रापर्टी डीलर बना फिर रहा है।

सरकारी मकानों के विभाग के किसी बाबू की लगती होगी किसी ऐसे आदमी से, जिसने अपना सरकारी मकान किराये पर दे रखा होगा। बाबू ने सोचा होगा, करवा दो सारी कॉलोनी की चैकिंग। अपने आप फँस जाएगा साला। एक तो खुद सरकार के किराएदार हैं ऊपर से दुगुना-तिगुना किराया लेकर औरों को किराएदार बिठा रखा है। बाबू ने अपनी खुन्दक निकालने

के लिए अंग्रेजी में एक नोट लिख मारा होगा–'कृपया नीचे रखे आवेदन का अवलोकन करें। इसमें श्री क ने लिखा है कि उनकी कॉलोनी में बहुत असामाजिक तत्व किराये पर रहते हैं, जिससे कॉलोनी के निवासी बहुत परेशान हैं। कई मकानों में जुएखाने चलते हैं और किसी-किसी में तो औरतों का भी व्यापार होता है। जाँच अनुभाग कृपया सुनिश्चित करे कि क्या सचमुच ये मकान एलाटियों ने किराये पर चढ़ा रखे हैं, यदि सचमुच ऐसा है तो एलाटियों को तुरन्त नोटिस जारी किये जाएँ।' साहब के दस्तखत हुए, नोटिस जारी हुए और एलाटियों का खून सूख गया। मकान खाली कराए गए और किराएदार दौड़ पड़े प्राइवेट बस्तियों की तरफ। कुछ लोगों का कहना है कि प्रापर्टी डीलरों ने ही सरकारी बस्तियों में मकानों की चैकिंग कराई जिससे कि किरायेदार उनकी तरफ भागें और वे मनमाना कमीशन उठा सकें।

जो भी हो, दूसरे किरायेदारों की तरह गुप्ता के भी दिल में आया कि कुछ नहीं तो अपनी एक झोंपड़ी ही होती, इस तरह जगह-जगह तो नहीं भटकना पड़ता। यह तो तय है कि गुप्ता ने मकान के लिए इतनी खाक कभी नहीं छानी। बहुत से मकान देखे। कहीं धूप नहीं आती तो कहीं हवा का नाम नहीं। कहीं मच्छर हैं तो कहीं मकान मालिक ज्यादा एडवांस माँगता है। कहीं से बस-स्टैंड दूर है तो कहीं से बाजार। अब यह मकान पसन्द आया, लेकिन खिड़की के ठीक सामने झुग्गी झोंपड़ियाँ। उनकी छतों पर रखा गया घास-फूस और पालिथिन की फटी हुई शीटें काली पड़ गई हैं। झुग्गियों के आगे काई से भरी हुई नालियाँ और उनमें गन्दे पानी से खेलते हुए बच्चे। जाने क्या-क्या बहता रहता है इन नालियों में। सहसा जुगुप्सा से भर उठता है उसका मन।

अरोड़ा प्रापर्टी डीलर से उठाया था उसने यह सवाल। इस गन्दगी की बगल में रहने की एवज में किराया कम करने की पेशकश की थी उसने। लेकिन अरोड़ा हँस पड़ा था, "यही तो खूबी है साहब इस फ्लैट की। छड़े लोगों के लिए तो स्वर्ग है यह।" अरोड़ा की नजरें झुग्गियों के बीच खड़े हैंडपम्प पर पड़ गई थी जहाँ एक प्रौढ़ महिला डिब्बे से लोटे का काम लेकर नहा रही थी। "आपका यह जो पड़ोस का फ्लैट है न, यह भी मैंने ही दिलाया था दीवान साहब को। आप ही की तरह छड़े हैं। आपके यहाँ तो पंखे भी

लगे-लगाए हैं, उनके यहाँ तो पंखे भी नहीं थे, वाशबेसिन भी उन्होंने खुद ही लगवाया था। आप कुछ दिन रहेंगे तो जान जाएँगे यहाँ की खासियत।"

"खाक जान जाएँगे। अभी गली में ही जमादारनी एक भले आदमी की तरफ झाड़ू का डंडा उठाकर धमकी दे रही थी, 'मोर बना दूंगी'। भला आदमी को भी मोर बनाया जा सकता है। बगल की झुग्गियों का असर है यह सब। महानगरीय सभ्यता की महान गन्दगी भरी पड़ी है इनमें। शाम होते ही दारू पीकर लड़ते-झगड़ते हैं ये लोग और रात को निकल पड़ते हैं सेंध लगाने। तभी तो जब-तब चोरी-चकारी की खबर आती रहती है।" अरोड़ा की तरह दीवान साहब भी मुस्करा दिए थे, "वो सब तो है भई, लेकिन हर अँधेरे पहलू के साथ एक उजला पहलू भी तो होता है। मानते हो न।"

"हाँ।"

"तो सुनो, तुमने अब तक इन झुग्गी-झोपड़ियों के बारे में पढ़ा या देखा है, वह सही है, लेकिन उसके आगे भी तो कुछ अनुभव की चीज है।"

अगले ही रोज सबेरे-सबेरे किसी ने दरवाजा खटखटाया। गुप्ता के सामने एक सुन्दरी खड़ी अपनी कमर में पल्लू खोंस रही थी।

"काम कराना है साहब? बगलवाले साहब ने बताया कि आपको बर्तनवाली लगानी है।" सोलह सत्रह की उम्र, रंग सांवला और नैन-नक्श तीखे। कद सवा पाँच के करीब। माथे पर बिन्दी। हाथ-पाँवों में मेंहदी रची हुई। गठी देहयष्टि। एक नजर में ही सब कुछ तोल गया था वह।

"शादी शुदा हो साहब?"

"नहीं, लेकिन जल्दी ही हो जाऊँगा," कहने के बाद ही गुप्ता को महसूस हुआ कि जवाब जरूरत से ज्यादा लम्बा हो गया है।

"तब तो अभी तीन सौ रुपए दे देना साहब, मेमसाहब आ जाए तो कुछ ज्यादा दे देना।"

"अभी तो मैं अकेला ही हूँ, दो-चार ही बर्तन होते हैं।"

"इसीलिए तो तीन सौ रुपए बताए साहब, नहीं तो रेट साढ़े चार सौ का है।"

तीन सौ रुपए में बात हो गई। शुरू में अपने साथ सात-आठ साल का लड़का भी लाती वह, लेकिन धीरे-धीरे अकेले ही आने लगी। गुप्ता की नजर पर शायद उसे शक नहीं रह गया था। दबे पाँव रसोई के दरवाजे पर

कई बार गया गुप्ता लेकिन हर बार उसे गुनगुनाते हुए, बर्तनों पर मशक्कत करते ही पाता।

"क्या देख रहे हैं साहब।" उसने पीछे मुड़े बगैर ही पूछा।

पीछे से ही कनपटी के पास अचानक ही आ गए उभार को देखकर गुप्ता ने भाँप लिया था कि यह प्रश्न हँसते हुए पूछा गया था, "कुछ नहीं बस, यही देख रहा था कि कितनी मेहनत से करती हो तुम काम। तुम भी इन्हीं झोंपड़ियों में रहती हो?"

"हाँ, साहब।" उसने उठते हुए उसी तरह साड़ी पर हाथ फेरा था जैसा महिलाएँ उठते हुए आमतौर पर करती हैं।

"मेम साहब कब आ रही हैं साहब?"

"बस अगले ही महीने।" उसे लगा जैसे कह रही हो, इस तरह चोरी-चोरी क्या देख रहे हो साहब, मेम साहब तो आने ही वाली हैं।

गुप्ता को मालूम है कि उसके घर में इस लड़की का अकेले घुसना निरापद नहीं है। उसे यह भी मालूम है कि आस-पास के घरों से टोही नजरें लगातार इसका पीछा करती रहती हैं। सामनेवालों के दरवाजे पर लगी मैजिक आई किसी राडार से कम नहीं है। यह सही है कि किसी के घर में क्या हो रहा है यह हर एक का जातीय मामला है और पड़ोसियों को दूसरे के मामले में दखलन्दाजी नहीं करनी चाहिए, लेकिन किसी अकेले मर्द के घर में किसी जवान लड़की का जाना तो ऐसा है जैसे बच्चे के हाथ में स्टेनगन थमा दी जाए। कब उसे खुराफात सूझे, और कब ट्रिगर दबा दे।

"इन घास-फूस की झोपड़ियों में कैसे रहते हो तुम लोग, बिना दीवार और दरवाजों के डर नहीं लगता तुम्हें?"

"लगता है साहब"

"किस चीज का?" गुप्ता कुछ उगलवाना चाह रहा था।

"बरसात का।" वह खिल-खिलाकर हँस पड़ी।

ये घास-फूस और पॉलिथिन की छतें क्या सुरक्षा दे पाती होंगी इस सौन्दर्य को। ऊपर से जुआरियों-शराबियों की संगत। विनय ने उठाया था ऐसी ही झुग्गी-झोपड़ी बस्ती में समाज-सुधार का बीड़ा। वहाँ के लोगों को पढ़ाने-लिखाने व सभ्य बनाने का। लेकिन महीने भर बाद ही हाथ तुड़वा लाया वहाँ से। सोशियल वर्कर बनने का नतीजा भुगता था उसने। शराब

पिए कुछ लोगों ने धुन दिया था उसे। कहता था ये लोग कुछ सीखना नहीं चाहते, गलीज़ माहौल में रहना ही इनकी नियति है।

"गुप्ता साहब, हम तो बूढ़े हो गए, इसलिए घास नहीं डालती यह लड़की। लेकिन तुम तो जवान हो, हैंडसम हो। जब ये फ्लैट छोड़कर चले जाओगे, तब पछताओगे। अरे बुढ़ापे में हमारी तरह पछताओगे कि प्रेम कहानियों का सिलसिला तीन दर्जन पर आकर रुक गया, आधा शतक भी नहीं बन पाया।" कहते हुए दीवान साहब हँस पड़ते हैं।

"तुम कितनी खूबसूरत हो, कभी-कभी लगता है तुमसे बर्तन माँजने का काम न लूँ। तुम्हारी उँगलियाँ नाजुक हैं, इन्हें ऐसे काम में लगाकर अच्छा नहीं लगता।" गुप्ता ने एक रोज फिर हिम्मत बांधी।

"काम नहीं लोगे साहब तो न मैं खूबसूरत रहूँगी और न ये उँगलियाँ। भूखी मर नहीं जाऊँगी साहब।" उसने फिर बात हवा में उड़ा दी तो गुप्ता मन मसोस कर रह गया।

छुट्टी के रोज फिर दोपहर को आई वह। गुप्ता फिर रसोई के दरवाजे पर खड़ा हो गया, उसका गुनगुनाना सुनता रहा। वह बर्तनों को ऐसी तन्मयता से मलती रही जैसे अपनी ही गृहस्थी के हों। हाथों और गाने की लय में तालमेल-सा रखती हुई। शुरू में तो दो चार ही बर्तन होते थे धोने के लिए, लेकिन अब पूरा सिंक भरा होता है बर्तनों से। गुप्ता को ज्यों-ज्यों उसकी उपस्थिति अच्छी लगने लगी बर्तनों की संख्या भी बढ़ाता गया। फिर भी उसे लगता है जैसे बर्तन कम पड़ गए हैं, अभी आई और अभी चल दी।

"तुम इतनी सुन्दर क्यों हो?"

"सभी साहब लोग ऐसे ही सवाल पूछते हैं साहब। हर औरत के अन्दर एक आदमी होता है साहब और हर आदमी के अन्दर एक औरत। ऐसा समझ लो, मेरे अन्दर मेरा बाप है और आपके अन्दर आपकी माँ। अगर आप मेरे बारे में ऐसा-वैसा सोच रहे हो साहब तो इसका मतलब यह भी है कि आपकी माँ मेरे बाप के बारे में गलत सोच रही है। अगर आप मेरी कमजोरी का फायदा उठाते हैं तो आपकी माँ ने मेरे बाप का फायदा उठाया समझ लो।"

साली गाली दे रही है, सोचकर गुप्ता जलभुन गया लेकिन काम्य के तहत कहने लगा, "मुझे लगता है जैसे बरसों से तुम्हें जानता हूँ।"

यह कहते हुए गुप्ता उसके ऊपर ही झुक आया था कि बर्तनवाली बिदकती हुई दरवाजा खोलकर गैलरी में आ गई। उसने शोर मचाकर मुहल्ला इकट्ठा कर लिया। छुट्टी का दिन होने के कारण अच्छी-खासी भीड़ जमा हो गई थी।

"आज बर्तनवाली को छेड़ा, कल हमारी बहू-बेटियों के साथ यह नौबत आएगी।"

एक साहब दरवाजा खटखटाने पर लगे थे, लेकिन गुप्ता अन्दर से चिटकनी चढ़ाए हुए था। भीड़ का भला कोई भरोसा है? पहले सौ-दो सौ घूंसे-लात बरसा दे और फिर पूछे कि बात क्या थी। दूसरे साहब का मानना था कि सीधे जाकर मकान मालिक का कान पकड़ना चाहिए। किराएदार के चरित्र के बारे में आश्वस्त हुए बिना उसने मकान किराए पर कैसे दे दिया। तीसरे का विचार था कि शराफत किसी के माथे पर नहीं लिखी होती।

केवल एक साहब थे जो दबी जबान से गुप्ता के प्रति सहानुभूति जता रहे थे, लेकिन उनके बारे में कहा जाता है कि किसी दूसरी बर्तनवाली ने कभी उनकी इज्जत भी खराब की थी। कुछ लोग ऐसे भी थे जिनका विचार था कि कॉलोनी के बगल में झुग्गी-झोपड़ियों का होना ठीक नहीं। ये लोग न बर्तनवाली के साथ थे और न गुप्ता के साथ। कुछ का सुझाव था कि मामला पुलिस को सौंप देना चाहिए। "अजी साहब, पुलिस भी क्या करेगी। स्टेटमेंट लेगी, कागजी तहकीकात करेगी और मामला रफा-दफा करेगी।" ये लोग मामले को उलझाने के पक्ष में नहीं थे।

"क्या हुआ-क्या हुआ।" कहती हुई महिलाओं की भी संख्या बढ़ती जा रही थी।

"कह रहा था, ऐसा लगता है मैं तुम्हें बरसों से जानता हूँ।"

"इससे आगे?"

"अजी इससे आगे भी कोई कहने की बात होती है, कैसी बेवकूफों वाली बात करते हैं आप। आप भी बाल-बच्चेवाले इनसान हैं।"

"क्या कहा उसने, यही न कि तुम्हें बरसों से जानता है।" दीवान साहब भीड़ को धकियाते हुए जोर-जोर से बर्तनवाली से पूछ रहे थे।

"हाँ।"

"ऐसा भी तो हो सकता है उसकी बहन की सूरत तेरे से मिलती हो।" दीवान साहब ने एक बार चारों तरफ नजर घुमाई।

भीड़ को इस तर्क से कुछ दम नजर आया। उसका गुस्सा शान्त हुआ और लोग धीरे-धीरे घरों को चल दिए।

दीवान साहब ने गुप्ता को अकेले में समझाया किसी काम में हड़बड़ी ठीक नहीं होती। जैसी सुन्दर लड़की है वह, उसे देखकर ही लगता है कि किसी भले घर का खून है उसमें।

"पहले उकसाता है, फिर कहता है मेरी बहन से शक्ल मिलती है उसकी, अब कहता है अच्छे खानदान का खून है उसमें, गाली देता है?" गुप्ता ने गुस्से में दीवान साहब का गिरेबान पकड़ लिया।

भ्रूण हत्या

"चंचल की हालत देखी आपने, क्या गत हो गई है उसकी। कैसी हड्डियाँ निकल आई हैं। मुझे तो लगता है कोई गम बैठ गया है उसके दिल में। सात साल हो गए शादी को, कोई बच्चा नहीं हुआ, शायद इसीलिए घुटे जा रही है अन्दर ही अन्दर।"

ठीक चौराहे पर कही पत्नी ने यह बात तो सुधाकर को भी लगा किधर को मोड़ काटे। पीछे से दूसरी कार हॉर्न दिए जा रही थी। दाईं तरफ बत्ती हरी देखकर सुधाकर ने उसी तरफ गाड़ी मोड़ ली। असल में आधे घंटे से वह भी चंचल के बारे में ही सोच रहा था। कई साल बाद आज शादी में मिली थी। बिलकुल नहीं पहचानी जा रही थी। जिन कपोलों पर कभी हँसते हुए इंचभर का गहरा निशान बनता था, अब अन्दर को ही धँस गए थे। गले के नीचे उभर आई हड्डियों को छिपाने का असफल प्रयास कर रही थी, जैसे सुधाकर की नजरों पर उसे भरोसा नहीं रहा। वरना पहले खुद ही कहती थी, 'सर, आपकी नजरें हैं या एक्स-रे मशीन। आपसे कुछ भी छिपा पाना मुश्किल है।' तब सुधाकर हँस कर कहता, 'ऐसे काम ही क्यों करती हो, जिन्हें छुपाना पड़े।'

'आप क्या कभी किसी से कुछ नहीं छुपाते?' पहली बार जब चंचल ने पूछा तो सुधाकर अचकचा गया था।

पिछली सीट पर दोनों बच्चे सो गए थे। सुधाकर ने सिगरेट निकाल ली। आम तौर पर वह ड्राइव करते हुए सिगरेट नहीं पीता, और तब तो

बिलकुल नहीं जब पत्नी भी बगल में बैठी हो। बूँदा-बाँदी शुरू हो गई थी। शीशे पर पड़ती बूँदों से धुँधला दिखने लगा तो सुधाकर ने वाइपर ऑन कर दिया। शीशे के धुँधलके को साफ करने के लिए तो गाड़ी में व्यवस्था थी, लेकिन चंचल का चेहरा जो बार-बार सामने आ रहा था, उसे हटाने के लिए मेहनत करनी पड़ रही थी।

चेंज करते हुए पत्नी ने फिर चंचल की बात छेड़ दी। सुधाकर को लगा जैसे वह चंचल की हालत को देखकर दुःखी नहीं हुई है और, हो सकता है कि किसी सीमा तक खुश भी हुई हो। सुधाकर आहत महसूस कर रहा था। सोच की इन विलोम धाराओं का होना जरूरी होता है क्या, पति-पत्नी के बीच। क्यों पति-पत्नी ऐसे मामलों में एक-दूसरे के विपरीत हो जाते हैं। चंचल तो सुधाकर के लिए तब भी वैसी ही थी, जैसी अब है। उसे तो उसने बच्ची से ज्यादा कभी समझा नहीं।

दसवीं में पढ़ती थी चंचल जब अपनी सहेली अरुणा के साथ आई थी ट्यूशन पढ़ने। इम्तिहान सिर पर थे इसलिए पास होने का फार्मूला सीखने आई थी शायद। अरुणा ने बताया कि वह कविता भी लिखती है। कई बार कहने पर निकाली थी उसने वह डायरी किताबों के बीच से। कई छोटी-बड़ी कविताएँ थीं उन पन्नों में। एक कविता थी–

'जिसे तुम कविता कहते हो
वह कविता नहीं है, बर्फ है,
जो पिघली है तुम्हारी धूप से,
तुम्हारे रूप की धूप से।'

सुधाकर को उन दिनों उर्दू का शौक चर्राया था, उसने अपनी तरफ से इसमें सुधार किया था–

'मेरे जिगर की पिघली बर्फ को तुम शेर कहते हो,
अपनी दोशीज़गी[1] की धूप को जाने क्या कहोगे।'

चंचल मान बैठी थी कि सर जी की कविता उसकी कविता से कहीं अच्छी है। लेकिन दोशीज़गी का मतलब पूछने लगी तो सुधाकर ने कह दिया, "अपने से पूछो।" लड़कियाँ खिलखिलाकर हँस पड़ीं। बरामदे में मकान

---

1. **दोशीज़गी**–कौमार्य, अल्हड़पन।

मालकिन पंखा झल रही थी, उसका पंखा भी रुक गया। सुधाकर की मकान मालकिन को इस बात से तो कोई आपत्ति नहीं थी कि उसके पास लड़कियाँ पढ़ने आती हैं, लेकिन लड़कियों का हँसी-ठट्ठा उसे बिलकुल अच्छा नहीं लगता। सुधाकर ने सभी को नहीं हँसने की हिदायत दी हुई थी। मेज के एक कोने में कार्ड पर लिखा भी था, 'आप हँसे नहीं, इसके लिए धन्यवाद।'

चंचल तब भी दुबली-पतली थी। उसकी सहेलियाँ और सुधाकर भी उसे जब-तब 'रस्सी' कह दिया करते थे। जिस तरह संकुचाते हुए उठती-बैठती और बोलती थी उससे वह और लड़कियों से अलग-सी लगती थी। कभी साड़ी पहनकर आती तो उसमें ऐसी मिसफिट-सी लगती जैसे किसी बच्चे ने गांधीजी का गोल लैन्सवाला चश्मा पहना हो। उस दिन वह इतनी सजग और परेशान-सी लगती जैसे साड़ी पहनने के लिए उसे किसी डाक्टर ने कहा हो। आते ही पंखे का रेगुलेटर घुमाना उसका पहला काम होता और साड़ी के पल्लू या चूनर से माथे का पसीना पोंछते हुए किताबों को मेज पर पटकना दूसरा काम। फिर गले की चेन घुमाने लगती। चेन को होठों से पकड़ने की भी उसे आदत थी जिसके लिए सुधाकर उसे कई बार टोक चुका था।

क्लास पूरी हो जाने के बाद लड़कियाँ मकान मालकिन से बतियाना शुरू कर देतीं। आते हुए भी वे 'अम्मा राम-राम' कहना नहीं भूलतीं। अम्मा जी को भी चंचल का चेन को मुँह में डालना अच्छा नहीं लगता। वह भी उसे टोकती रहती। लेकिन लगाव भी अम्माजी को चंचल से कुछ ज्यादा ही था।

उस दिन अम्मा जी बाहर बरामदे में ऊँघ रही थीं, जब चंचल ने डायरी का एक पन्ना खोलकर सुधाकर के सामने रख दिया था। पागल लड़की के मन में वह कब इतना गहरे उतर गया था, सुधाकर खुद नहीं जानता था। सुधाकर ने चंचल को समझाया कि उसे पढ़ाई पर ध्यान लगाना चाहिए। दिल पर दिमाग का अधिकार होना चाहिए। अभी तुम्हारी उम्र सोलह से अधिक नहीं है। इस तरह के फैसले करने से पहले कई बार सोचना होता है। अभी तुम्हारी पढ़ाई पूरी नहीं हुई है। किसी को अपने बारे में ऐसा फैसला करने का अधिकार तभी होता है जब वह आत्मनिर्भर हो गया हो वरना कोई भी उसकी मजबूरियों का फायदा उठा सकता है। चंचल सुबकने लगी थी। अम्मा

जी ने भी आँखें खोल दी थीं। शायद उनको भनक लग गई थी कि मास्टरजी किताब से बाहर का पाठ पढ़ा रहे हैं।

सुधाकर ने दुबारा ध्यान से पढ़ना शुरू किया, "सर जी जाने कैसा-कैसा लगने लगा है। पहले तो ऐसा नहीं होता था। शाम को जब घर लौटती हूँ तो अगले दिन आपके पास पहुँचने का इन्तजार करने लगती हूँ। सोते में भी अजीब-अजीब से दृश्य सामने आते हैं। सिकन्दर की सेना के जिस तरह के सिपाहियों की तसवीर किताब में बनी है न, उसी तरह की पोशाक में आप घोड़े पर बैठे दिखाई देते हैं। एक चाँद होता है, नीचे एक झील, सामने दो पहाड़ और आप घोड़े को सरपट भगाए चले जाते हैं। मेरी आवाज या तो आपके कानों तक पहुँचती ही नहीं, या आप सुनना ही नहीं चाहते। मेरी आवाज सुनकर छोटा भैया उठ बैठता है। तब बहुत बुरा लगता है यह जानकर कि न चाँद है, न झील और न आप। नहाने के लिए जाती हूँ तो पानी में आपकी सूरत। जहाँ जाती हूँ, आप पीछा नहीं छोड़ते। यहाँ तक कि शायद ही ऐसा कोई दिन जाता हो जब सोते-जागते आपका नाम न आता हो मन में। डायरी लौटाते हुए फिर समझाया था उसने, "प्रेम तो मैं भी करता हूँ चंचल तुमसे, लेकिन अपनी एक छात्र मानकर। ज्यादा नहीं।"

कहने को कह गया सुधाकर, लेकिन उस दिन के बाद चंचल उसे अन्य लड़कियों से बिलकुल अलग दिखने लगी। वह भी कुछ अधिक गम्भीर रहने लगी थी जैसे कोई अपराध-भाव आ गया था उसके मन में। वह कोशिश तो करती सामान्य दिखने की लेकिन ऐसा कर नहीं पाती। कुछ दिनों बाद उसने क्लास में आना भी बन्द कर दिया।

कहाँ तो चंचल के नहीं आने पर सुधाकर को और सहज महसूस करना चाहिए था, लेकिन जब भी चंचल का खयाल आता, वह विचलित-सा हो जाता।

सोलहवें साल की ऊष्मा को पहले उसने भी महसूस किया था। वह खुद ऐसे सम्वाद ज़ुबान पर नहीं ला पाया था जिन्हें वह रात-दिन रिहर्सल करता रहता। अपनी उम्र से बड़ी लड़कियों के बारे में भी उलटा-सीधा सोचता, लेकिन उनके पास आने पर अच्छा-बच्चा बन जाता। किताबों के काले शब्दों के ऊपर रंगीन तसवीरें तैरती उसने भी देखी थीं। छत पर लाल-पीली पतंग उड़ाते हुए अचानक ऐसी ही रंग की मिडी पहने कोई लड़की

दिख जाती तो उसकी पतंग कट जाती, वह सद्दी को ढील देना भूल जाता। साइकिल चलाती लड़की की बगल से तेजी से आगे निकल जाना उसे अच्छा लगता। ऐसे में उड़ी हुई चूनर को सँभालने की हिदायत देने से वह नहीं चूकता। वह उस क्षेत्र के तिलस्मी रहस्य के बारे में जानने के लिए बेचैन रहता जिसके लिए चूनर कवच की मानिन्द होती है। चंचल ने सुधाकर को फिर उसी उम्र में पहुँचा दिया था।

कभी उसे लगता जैसे चंचल को वह ढंग से समझा नहीं पाया है। उसे वह नहीं बता पाया है कि तुमने जो कुछ भी सोचा उसमें गलत जैसी कोई बात नहीं है। राह चलते सोचता कहीं चंचल दिख जाए। स्कूल से आती लड़कियों के झुंड दिखाई देते। धूप में आती लड़कियाँ जब चूनर को माथे पर फेरती हैं तो चंचल की तरह वह भी लाल हो जाती हैं। सुधाकर जानता है चंचल ने सुधाकर से नहीं, सर जी से प्रणय-निवेदन किया था। सुधाकर को लगता कि यदि वह पाठ्यक्रम तक ही सीमित रहता तो चंचल नहीं बहकती। वही वर्षों से तैयार की हुई अपनी कल्पना की दुनिया की सैर लड़कियों को कराता रहा, इसीलिए चंचल सर जी को खत लिखने की हिम्मत कर बैठी। उसे लगा होगा, क्यों न कल्पना की इस दुनिया पर ही अपना साम्राज्य बना लिया जाए।

चंचल की सहेलियाँ जब कभी मिलती सुधाकर से, चंचल की चर्चा जरूर करतीं, जैसे कहती हों हमें मालूम है आपके चक्कर का। चंचल के नाम पर ज्यादा अन्तरंग बनने की कोशिश करतीं प्रायः लड़कियाँ। मास्टर का पेशा भी कितना मुश्किल होता है, कभी सोचता सुधाकर, कहीं मुक्त होकर घूम-फिर नहीं सकते। दूसरे दिन ही बच्चे आपस में फुसफुसाहट शुरू कर देते हैं। और, यदि उनकी बराबरी पर आकर उनसे बातचीत करो तो प्रेम-पत्र लिखने लगते हैं।

खैर, कुछ दिनों बाद सुधाकर दिल्ली से कानपुर चला गया। जिस नियुक्ति-पत्र का उसे इन्तजार था, वह उसे मिल गया था। दिल्ली में उसके पास रहने-बसने का जो सामान था वह वहीं पड़ा रहा। कमरे में ताला लगाकर चाबी मकान मालकिन को दे आया था, कहकर कि कुछ दिनों बाद वापस आकर अपना सामान ले जाएगा। लेकिन महीनों तक उसका वापस आना न हुआ। इस बीच मकान मालकिन की एक चिट्ठी मिली। लिखा था,

चंचल की शादी हो गई है। वह मकान की तलाश में है, अगर तुम कहो तो मैं तुम्हारा कमरा उसे दे दूँ और तुम्हारा सामान अपने कमरे में रखवा दूँ। सुधाकर ने इजाजत दे दी थी। काफी दिनों बाद सुधाकर अपनी पत्नी के साथ आया था अपना सामान लेने। उसके कमरे में अपने पति के साथ चंचल रह रही थी। चंचल सुधाकर की पत्नी से जल्दी ही घुलमिल गई।

पत्नी ने बताया सुधाकर को कि चंचल की गृहस्थी डाँवाडोल चल रही है। पति मार-पीट करता है। जिस जगह काम करता है, वहीं की किसी लड़की का नाम जपता रहता है रात-दिन। शादी के बाद ही चंचल भारी हो गई थी, लेकिन उसका पति यह कहते हुए उसे डाक्टर के पास ले गया कि हमें अभी बच्चा नहीं चाहिए। डाक्टर ने लाख समझाया कि पहली बार में ऐसे रुकावट नहीं डालनी चाहिए, ऐसे में कई लोगों को बाद में बच्चे नहीं होते लेकिन वह नहीं माना। आखिर अपनी बात मनवाकर ही वह घर लौटा।

इसके बाद वर्षों तक कुछ नहीं सुनाई दिया चंचल के बारे में। फिर अचानक शादी में मिल जाने से चंचल के बारे में जानने की इच्छा हुई। प्लेट हाथ में लिए सुधाकर कोने में खिसक आया था। नए खिले हुए गुलाब की सी ताजगी थी जिन होठों पर वे अब पलास के सूखे बीजों की तरह लग रहे थे। लुनाई की लकदक रहती थी जिस चेहरे पर, वह ऊबड़-खाबड़ हो गया था।

"पच्चीस से ज्यादा उम्र नहीं है तुम्हारी चंचल, यह क्या हो गया है तुम्हें?"

"सच कहूँ सर जी, अब जीने की इच्छा नहीं रह गई है। अब ऐसा लगता है जैसे जानने-समझने को कुछ नहीं रह गया। अब तो अच्छे-बुरे का भेद मिट गया है। दिन और रात में अन्तर नहीं रह गया है। अब तो हर खुशी में गमी और गमी में खुशी दिखाई देती है। किसी के मिलने की खुशी और बिछुड़ने का गम नहीं होता।"

"क्यों मुझसे बिछुड़ने का भी गम नहीं होता?" सुधाकर ने नाहक गम्भीरता को दूर करने के उद्देश्य से कह दिया था।

"हाँ सर जी, आपसे बिछुड़ने का भी नहीं।"

"चंचल, मैं समझता हूँ तुम डिप्रेस्ड हो। बच्चों की कमी शायद तुम्हें इस कदर खलती रही है कि तुम अजीबोगरीब बातें सोचने लगी हो। मुझे

मालूम हो गया था कि जब तुम्हें पहली बार माँ बनने का मौका मिला, तब तुम्हें... लेकिन इसके लिए चिन्तित होने की जरूरत नहीं है। आजकल अच्छे से अच्छा इलाज मौजूद है। मेरी पत्नी स्वयं गायनोकोलोजिस्ट हैं, कहो तो तुम्हारा इलाज कर सकती हैं।"

"नहीं सर जी, मुझ पर भ्रूण-हत्या का पाप चढ़ गया है। मैंने एक के बाद एक हत्या की है।"

"क्या तुम्हारे पति ने दुबारा ऐसा करने को कहा?"

"नहीं केवल एक बार और वह भी दूसरी बार। पहली बार तो आपने ही कहा था।"

सुधाकर ने इधर-उधर नजर घुमाई चंचल का पति किसी दूसरी महिला से बातचीत में मशगूल था।

"क्या कह रही हो चंचल। मुझ पर क्यों ऐसा आरोप लगा रही हो, तुम्हें क्या हो गया है?"

"कुछ नहीं सर जी, पहली बार भ्रूण-हत्या मैंने आपके कहने पर की थी। एक भ्रूण विकसित हो रहा था मेरे मन में, जिसके लिए जुराबें बुनी थीं मैंने अपनी डायरी में। पहले बुनने में आपने मेरी मदद की और फिर कहा चिन्दी-चिन्दी कर दो। वह कविता की डायरी मैंने उसी दिन फाड़ दी थी। उस हत्या के बाद कितना स्राव हुआ मेरी आँखों से, मुझे अब भी याद है। दूसरी बार जब वही हादसा मेरे पति के कहने पर हुआ, तबसे कोई स्राव नहीं हुआ। मैं सूख गई हूँ सर जी।" सुधाकर की पत्नी कब दोनों की बगल में आकर खड़ी हो गई थी, दोनों ने नहीं देखा।7

"आज चंचल तुमसे काफी घुलमिल कर बातें कर रही थी।"

"हूँ।"

"लगता है चंचल की याद में खोए हुए हो।"

"हूँ।"

"क्या हूँ-हूँ लगा रखी है, जो मैं पूछ रही हूँ, सुन रहे हो?"

सुधाकर को लगा जैसे पत्नी की मदद के बिना अब वह अपना पाप नहीं धो सकता है। उसने सारी कहानी एक साँस में सुना दी।

"अब तुम्हीं बताओ, तुम डाक्टर हो, क्या तुम्हारी भाषा में मैं हत्यारा ही हूँ।"

पत्नी की आँखें नम हो आई थीं, "मुझे नहीं मालूम।"

"तुम चंचल का इलाज करोगी?"

"मेरे इलाज से क्या होगा जब वह कोई इच्छा नहीं रखती।"

"मैं तुम्हरी मदद करूँगा जितना हो सकेगा, मैं इस मामले में कुछ कर सकता हूँ?"

"हाँ।" डाक्टर ने सिर हिलाया।

दूसरे दिन सुधाकर एक डायरी ले गया चंचल के पास। जिस पर पहला शेर था–

'उनके बदले तेवर देख ये उम्मीद है हमको
यकबयक कभी इस तरह उनका रुख भी बदलेगा।'

इसी कमरे में एक दिन सुधाकर ने कविता की डायरी लौटाई थी।

दहेज

सुबह अखबार से पता चला कि आलोक ने शादी कर ली है। अखबार में यह खबर सुर्खी इसलिए बनी थी कि उसने दहेज के नाम एक पैसा भी नहीं लिया था, और पूरी रस्म पर केवल एक सौ एक रुपए खर्च हुए थे। शादी ऋषिकेश के अद्भुतानन्द आश्रम में हुई थी जिसमें कन्या और वर दोनों पक्षों से कुल मिलाकर दस लोग शामिल हुए थे। अख़बार में लिखा था कि शादी का मंडप वर-कन्या दोनों ने अपने हाथ से लीपा, हवन और फेरे हुए, बस। आलोक के पिता जाने-माने पर्यावरणवादी थे, उन्हें जब कभी लगता कि बुढ़ापे की थकान हावी हो रही है तो वे इसी आश्रम में उपवास करते और बीस-पच्चीस दिन में कायाकल्प कर लेते व फिर से ताजा हो जाते। बस, उपवास को वे किसी लोकप्रिय माँग से जोड़ लेते जैसे, वन कटान बन्द हो या पानी, हवा पर लोगों का अधिकार हो, आदि।

आश्रम के बाबा जी आलोक के पिताजी के दोस्त हैं, इसलिए शायद उसने आश्रम में शादी की। कुल मिलाकर यह उसका अच्छा फैसला था और उसे बधाई देते हुए मैंने उसे पत्र भी लिखा था। मैंने उसे लिखा था कि ऐसे समय में जब दहेज का दैत्य समाज में भ्रष्टाचार का पिता बन गया है, तुमने एक सौ एक रुपये में शादी कर एक मिसाल कायम की है। मैंने उसे याद दिलाया कि एक बार किस तरह उसने मुझे बिचौलिया बनाकर धर्मसंकट में डाल दिया था। हुआ यूँ था, आलोक के लिए लड़की की तलाश हो ही रही थी कि एक रोज एक बुजुर्ग हमारे यहाँ आए—

"आप सोच रहे होंगे, यह बूढ़ा कौन आ गया सबेरे-सबेरे"

"नहीं-नहीं, किसके नसीब होते हैं कि सुबह बुजुर्गों के दर्शन करने को मिल जाएँ," मैंने मसखरी की थी। हालाँकि कॉल बैल की आवाज सुनते ही मैं सचमुच बड़बड़ाया था, "कौन आ गया सबेरे-सबेरे।"

"सुना है आपके पास कोई लड़का है, कोई दोस्त है आपका, दरअसल हमारी एक लड़की है, विवाह योग्य। शर्मा जी ने कॉलेज में बताया था आपके बारे में कि आपके पास...।" बुजुर्ग महोदय ने पानी का गिलास भी समाप्त नहीं किया था कि काम की बात पर आ गए।

"अं...हाँ, लड़का क्या, मेरा दोस्त है, वह शादी करना चाहता है। किसी ठीक-ठाक लड़की की तलाश में है वह। शर्माजी से मैंने ही बात छेड़ी थी, लड़के की इच्छा है कि लड़की पढ़ी-लिखी हो ताकि आगे चलकर बच्चों को पढ़ा सके। सरकारी स्कूलों में पढ़ाई तो होती नहीं। मास्टर लोग मटरगश्ती करते रहते हैं। उनसे ट्यूशन लगवाओ तो बच्चे पास होते हैं और अगर ट्यूशन ही लगवानी है तो बच्चे को क्यों न पब्लिक स्कूल में पढ़ाया जाए, वहाँ कम से कम मास्टर लोग मेहनत तो करते हैं।"

मैंने देखा कि अतिथि के होंठ, जो हँसने के लिए फैले थे, उनमें कुछ कसैलापन आ गया था। शक हुआ तो पूछ ही लिया, "आप क्या काम करते हैं?" "मैं भी अध्यापक हूँ।" सरकारी स्कूल में ही अध्यापक होंगे, यह समझते मुझे देर नहीं लगी। "साहब कुछ लोग तो हैं सरकारी स्कूलों में भी ईमानदार, लेकिन वे लोग ही अपनी ईमानदारी के बल पर कहाँ तक खींच पाएंगे।" अध्यापक महोदय ने कोई टिप्पणी नहीं की, बस गरदन हिला दी।

"क्या करती है आपकी लड़की?"

"मानव विज्ञान में पी-एच.डी. कर रही है।"

आलोक की पहली शर्त भी यही थी कि लड़की पढ़ी-लिखी हो। दहेज के वह सख्त खिलाफ था।

मैंने बुजुर्ग महोदय को आश्वासन दिया कि लड़केवाले बहुत जल्द लड़की देखने आएँगे और आने से पहले आपको सूचित कर दिया जाएगा। बुजुर्ग महोदय चले गए। घंटा डेढ़ की मुलाकात में ढेर सारी बातें बता गए थे। बड़ा लड़का और उसकी बहू, दोनों बैंक में हैं। छोटी टीचर है। पोता

बाल भारती में और पोती इर्विन में। पिछले तीस वर्षों से उनका परिवार दिल्ली में ही है। गाँव के लोगों से अलग-थलग हो गए हैं। वहाँ के जो लोग दिल्ली में हैं उनसे भी मिलना-जुलना नहीं है। बच्चे कहते हैं नाते-रिश्तेदारी, सब फालतू बातें हैं। रिश्तेदारों का काम चुगली करना होता है, उनसे जितना दूर रहो उतना ही अच्छा है। और बात भी सही है साहब। भाई-बिरादरी का काम तमाशा देखने का होता है। कोई अच्छी तरह खा-पी रहा हो तो एक आँख नहीं भाता उन्हें। अगर गरीबी में हो तो मुँह नहीं लगाते, उलटे ताने मारते हैं। इसलिए नाते-रिश्तेदारी को दूर से ही राम-राम। जो मुसीबत में काम आए, वही अपना।

आलोक को मैंने बुजुर्ग महोदय का पता दे दिया और स्वयं निश्चिंत हो गया। एक रोज पत्नी ने कहा, "आलोक तो है सीधा-साधा लड़का और आपने ज्यादा पढ़ी-लिखी लड़की भी ढूँढ़ दी है। शहरी लड़कियाँ तेज-तर्रार भी बहुत होती हैं। वैसे भी लड़की के पिताजी कह रहे थे कि रिश्तेदारों से दूर ही रहना चाहिए, कहीं ऐसा न हो कि लड़की शादी होते ही परिवार से अलग हो जाए और आलोक के घरवालों की गालियाँ तुम्हें पड़ें। मैं कहे देती हूँ, आप लड़कीवालों के बारे में जानते तो कुछ हैं नहीं, कल को कोई ऊँच-नीच हो गई तो तुम भुगत लेना। बेकार दूसरों के बीच पड़ना अच्छा नहीं होता। काम करो तो ऐसा कि सिर नीचा न हो।"

"सिच्छक हों सिगरे जग को...। अरे, मेरे बाप दादाओं ने लोगों के विवाह कराके अपने परिवार पाले हैं। यह तो मेरा पुश्तैनी पेशा है। निषिध चाकरी भीख निदान। चाकरी कर रहे हैं, शर्म तो इस पेशे पर आनी चाहिए। और मैं तो रिश्ता कराने के लिए दक्षिणा तक नहीं ले रहा हूँ, फिर मुझे क्यों कोई गाली देगा। तुम महिलाओं की समझ ही इतनी होती है, कोई करे भी तो क्या। कोई भी तीसरा आदमी अगर पहल न करे तो भला एरेंज्ड मैरिज प्रथा चलेगी कैसे। एक तरफ तो तुम एरेंज्ड मैरिज की वकालत करते नहीं थकती, और दूसरी तरफ जो लोग इसके लिए काम करते हैं उन्हें हतोत्साहित करती हो।"

एक रोज आलोक ने आकर बताया कि वह लड़की देख आया है। उसके माँ-पिताजी को लड़की पसन्द थी हालाँकि आलोक की नजर में लड़की औसत ही थी। फिर भी उसके पास न कहने का कोई कारण नहीं था,

इसलिए उसने हाँ कर दी। अगले माह उसके चाचा-चाची को गंगटोक से आना था और उनके आने के बाद ही बात पक्की होनी थी।

"यार, लव मैरिज के बारे में एक बात तो अच्छी मानी जाती है कि इसमें सेंस ऑफ एचीवमेंट होता है। लड़का और लड़की, दोनों को लगता है कि उन्होंने अपनी-अपनी खूबियों से ही एक दूसरे को आकर्षित किया है, जबकि ऐरेंज्ड मैरिज में यह सब नहीं है। उसमें गुण-दोष, आकर्षण-विकर्षण और खूबियों की समानता और विषमता तक का खयाल नहीं रखा जाता। इसलिए ज़िन्दगी भी सपाट और मन्थर होती है। अक्सर रुपया-पैसा और खानदान का ही मेल देखा जाता है।"

"और जन्मपत्री? अरे इसी से तो शरीर रचना का, स्वभाव का मेल देखा जाता है। मेरा तो खयाल है कि जन्मपत्री से भी पता चल जाता होगा कि अमुक लड़का वृषभ है और इसलिए उसकी जन्मपत्री बड़वा से ही मिलती होगी। हो सकता है पंडित लोग मनुष्यगण उसे ही कहते हों जिसे वात्स्यायन ने वृषभ कहा है। प्रेम-विवाह में तो इन वर्गीकरणों का ध्यान नहीं रखा जाता, इसलिए सेपरेशन का मामला ज्यादा देखने में आता है।"

"जनाब आपने प्रेम-विवाह तो अवश्य किया है, लेकिन शायद आपको नहीं मालूम कि हस्तिनी कभी वृषभ या शश से आकर्षित नहीं होती और इसी प्रकार मृगी भी अश्व पुरुष को मोटी बुद्धिवाला और फूहड़ मानती है। प्रेम-विवाह में तो बेमेल होने का प्रश्न ही नहीं उठता।"

"क्यों भई, जब हम लोगों ने तो लव-मैरिज की थी, तब हम दोनों भी अपने को 'मेड फार ईच अदर' मानते थे। हम मानते थे कि ऊपरवाले ने हम दोनों को एक-दूसरे के लिए ही बनाया है।"

"और अब?"

"अब तो तुम देख ही रहे हो। तुम्हारी भाभी का मानना है कि माँ-बाप द्वारा तय की गई शादी का कोई जवाब नहीं। अब तो पछता रही है वह प्रेम-विवाह करके।"

आलोक जब भी आता, बात उसकी शादी के बारे में ही होती। आलोक को तो दूल्हा बनना था, इसलिए उसे इस बात में मजा आता था। मुझे इसलिए कि मेरी पहल पर ही यह रिश्ता फलीभूत हो रहा था। सम्भवतः यह मेरा पहला जिम्मेदाराना उपक्रम था जिसके पूरा होने पर मैं अपनी पीठ

ठोक सकता था। हमारी गप्पों में बेगम साहिबा की सोत्साह भागीदारी का कारण नहीं मालूम। दूसरे की शादी की बात को वह चटकारे लेकर सुनती हैं। मुहल्ले की महिलाओं को भी देखता हूँ, किसी की बारात सड़क पर जा रही हो तो चटपट खिड़कियाँ खुल जाती हैं। छतों और बाल्कनियों पर ठट्ट लग जाते हैं उनके। लड़कियाँ, जो अपनी शादी के नाम से जितना शर्माती हैं, बारात देखने के लिए गर्दन उतनी ही उचकाती हैं।

"स्वेटर बुननेवाली ये लड़कियाँ सपने बुनने में भी माहिर होती हैं।" एक रोज मैंने आलोक से कहा।

"सपने तो लड़के भी बुनते हैं।"

"अच्छा, तो तुम भी सपने बुनने लगे हो?"

"भई, शादी लगभग तय हो चुकी है, अब जब तक शादी नहीं हो जाती, सपने ही तो बुनने हैं।"

"तुम चाहो तो लड़की से मिल सकते हो। कहो तो यहीं बुला लें लड़की को। अब बिचौलिया बन ही गए हैं तो तुम्हारी मुलाकात की भी व्यवस्था करा देते हैं। कम से कम तुम्हें भी लड़की से पूछ लेना चाहिए कि उसे भी तुम पसन्द हो या जहाँ माँ-बाप बाँध रहे हैं वहीं बँधना चाहती हो।"

"हाँ, और कम से कम लड़की को भी तो आपके और आपके परिवार के बारे में जानकारी होनी चाहिए।" हमारी श्रीमती जी ने सुझाव रखा।

लेकिन आलोक लड़की से सीधे बात करने का साहस नहीं जुटा पा रहा था। उसका विचार था लड़की को किसी दिन युनिवर्सिटी में जाकर ही देख आना चाहिए। जब वह घर गया था तो उसे लड़की कुछ मोटी लग रही थी।

"उस दिन गए भी शाम को थे देखने इसलिए ढंग से देख नहीं पाया। फिर मम्मी-पापा के सामने वैसे भी संकोच हो रहा था।" आलोक ने कहा।

आखिर तय हुआ कि आलोक लड़की को युनिवर्सिटी में जाकर ही देख आए, फिर घर पर मुलाकात की योजना बनेगी।

लड़कीवाले दो-तीन बार आलोक के घर आ चुके थे। एक बार आलोक के पिताजी भी उनके यहाँ गए थे तो फलों का टोकरा और मिठाई आदि भिजवाई थी उन्होंने। आलोक मिठाई लेकर हमारे यहाँ भी आया था।

"भई, तुम तो कह रही थीं कि बिचौलिया बनना घाटे का सौदा है और इस काम में गाली खानी पड़ती है। देखा, अब मालूम हुआ तुम्हें कि इसमें गाली नहीं मिठाई खानी पड़ती है। मैनें तो मन बना लिया है कि अब यही पार्ट टाइम काम करूँगा। हींग लगे न फिटकरी, रंग चोखा। आखिर अपने बाप-दादाओं का धन्धा है। वे लोग कोई मूर्ख थोड़े ही थे।" आलोक की शादी की बात चलाकर मैंने अपना आत्मविश्वास बढ़ा पाया था।

एक रोज फिर सबेरे-सबेरे घंटी बजी। आलोक था। वह कुछ बुझा-बुझा-सा लग रहा था।

"भई, खैरियत तो है?"

"यार कहाँ फँसा दिया तुमने।"

"क्यों, क्या बात हो गई?"

"यार लड़की की माँ दहेज से खरीदना चाहती है मुझे। कल आई थी हमारे यहाँ। लम्बी-चौड़ी हाँक रही थी। यार मैं नहीं कर सकता ऐसे घर में रिश्ता जो पैसों की धौंस में रहता हो। मैंने अपने घर में कह दिया है कि मुझे यह रिश्ता मंजूर नहीं है।"

कुछ भी हो लड़की बेचारी क्या सोचेगी। उसने शादी के सपने भी बुनने शुरू कर लिए होंगे। लड़की किसी की भी हो दूसरे की या अपनी, हाँ करने के बाद 'ना' करना अच्छी बात नहीं। इस आलोक के बच्चे ने तो मेरी नाक कटा दी है। तब से मैंने आलोक को ज्यादा मुँह नहीं लगाया।

आलोक ने अपने घरवालों के खिलाफ विद्रोह का झँडा खड़ा कर दिया था, मुझे तो लग रहा था कि आलोक ने मेरी बेइज्जती की है। अपने कहे से मुकरना जिम्मेदार आदमी की शान के खिलाफ है। कम से कम उसकी जगह मैं होता तो ऐसा कभी नहीं करता, दूसरी तरफ आलोक को भी लग रहा था कि उसको मैंने ही फँसाया था। ना सुनना था कि लड़कीवालों का पारा सातवें आसमान पर चढ़ गया। लड़की के पिता हमारे यहाँ आये। उन्होंने नमस्ते का जवाब भी नहीं दिया। आलोक के घरवालों की शान के खिलाफ कई कुछ बोले वो और फिर बिल मेरे हाथ में थमा दिया। बिल में आलोक के परिवार के आतिथ्य पर किया गया छोटे से छोटा खर्च शामिल था। मुझे यह बिल आलोक के सुपुर्द करना था। मुझे यह भी लग रहा था

कि आलोक के परिवार के लिए प्रयोग किए गए अपशब्दों में से आधे सम्भवतः मुझे लक्ष्य करके भी कहे गए थे।

बिल को देखते ही आलोक आग-बबूला हो गया था। बिल को दोनों परिवारों ने अपनी-अपनी प्रतिष्ठा का प्रश्न बना लिया था। दोनों ओर से लोग मेरे पास आ रहे थे। एक सुबह आता तो दूसरा शाम को। आलोक के पापा का कहना था कि अच्छा हुआ, उन्हें समय पर सुध आ गई। वरना ऐसे परिवार से रिश्ता हो जाता जो एक-एक गिलास शर्बत के पाँच-पाँच रुपए वसूलना चाह रहा है।

मेरी स्थिति दयनीय हो गई। सुबह-शाम के झँझट से मैं तंग आ गया था। आखिर श्रीमती जी से पैसे माँगकर जब बिल चुकता किया तो शान्ति मिली।

लेकिन जब खबर आई कि आलोक ने कहीं शादी कर ली है तो उत्सुकता हो आई कि किस परिवार में शादी की उसने। यह तो मालूम ही था कि वह दहेज का दुश्मन है। लेकिन इतनी सादगी से शादी करेगा, यह बात बधाई के लायक थी और मैंने बधाई सन्देश भेजा भी।

वर्षों बाद देहरादून के घंटाघर पर मुलाकात हुई उससे। मैंने फिर बधाई दी उसे। वह मुझे वसन्त विहार ले गया। घर महँगा था और फर्नीचर आदि भी। घर में कोई नहीं था। उसने बताया कि उसकी पत्नी ऑफिस गई हैं, वह ओ.एन.जी.सी. में काम करती हैं। सामने दोनों की फोटो लगी थी। ऊपर आलोक के पिताजी की फोटो थी, इतनी सजीव कि बोलने को आ रही थी, "ये महीने की तनख्वाह, मासिक दहेज थोड़े ही है।"

भगवान इनसान

लोधी रोड पार हुआ। गजानन ने गियर बदला तो टैक्सी फ्लाई ओवर पर चढ़ने लगी। सब कितना बदल गया है। अब रेल फाटक के खुलने तक इन्तजार नहीं करना पड़ता। सेवा नगर और डिफेंस कॉलोनी के बीच फ्लाई ओवर बन गया है।

तब न तो नेहरू स्टेडियम बना था और न यह पुल। सेवा नगर और डिफेंस कॉलोनी के बीच एक सड़क जरूर थी, लेकिन आर-पार खूब दिखाई देता था। शंकर, गजानन, नारायण और राजाराम इकट्ठे ही रहते थे सेवा नगर में। गजानन को कार चलानी शंकर ने सिखाई थी। "मेरा नाम ले-लेना, नौकरी मिल जाएगी।"

नौकरी मिल गई।

शंकर के लिए भी कई बुलावे भेजे मालिक लोगों ने लेकिन वह नहीं गया काम पर। एक खोखा लगा लिया था उसने।

"ये कोठीवाले बहुत चालाक होते हैं, अपने मतलब की सोचते हैं, यही राय दोहराता रहता शंकर। अरे इनकी चाकरी करने से तो अच्छा है बूट पालिश कर लिया करो। ये हँसकर भी बोलेंगे तो पता नहीं क्या मतलब साध रहे होते हैं। यह जो सड़क है डिफेंस कॉलोनी और सेवा नगर के बीच, इसी ने इज्जत बचा रखी है सेवा नगर की। वरना इनका बस चले तो सारे सेवा नगर को उठाकर भेज दें गाजियाबाद। ये गरीब से हँस-बोल लेते हैं और तुम लोग समझते हो, कितने भले लोग हैं। और, जब मौका मिलते ही तुम्हें गच्चा

देते हैं न, तब पता चलता है कि कहाँ थे। भय्या, गरीब तो दुनिया में इसलिए हैं कि उनके बिना अमीरों का कोई काम नहीं चलता।"

नारायण और राजाराम, जो शंकर के पुराने दोस्त थे, उनका कहना था कि शंकर कोठी का पहले खूब गुण-गान करता था। साहब लोगों के साथ पार्टियों, क्लबों में जाता रहता था और यार-दोस्तों तक के लिए उसके पास फुर्सत नहीं होती थी। लेकिन अब बात-बात में शंकर उनकी बुराई करने लगा था। यार-दोस्तों को भी अमीरों के साये से दूर रहने की सलाह देता।

"हाँ रे गजानन, आज कहाँ-कहाँ ले गया अपनी मेम साहब को?"

"फार्म पर।"

"साहब की तबीयत ठीक रहती है आजकल? आजकल तो नहीं डाँटता तेरे को?"

"नहीं अब ज्यादा बात नहीं करता।"

"वो लौंडा अब भी आता है तेरी मेम साहब के पास?"

"कौन?"

"अरे वही, सीनरी बना के लाता है जो।"

"हाँ, कभी आता है।"

"कहाँ पर मिलता है वह तेरी मेम से?"

"ड्राइंग रूम में, और कहाँ।"

"तेरी मेम साहब नहीं जाती कभी उसके यहाँ?"

"नहीं।"

ऐसे ही सवाल पूछता रहता है गजानन से और फिर आखिरी पैग चढ़ाकर चला जाता है छत पर ठहलने के लिए। छत पर कच्छा और बनियान पहने ही घूमता है वह। फिर वहीं खड़ी चारपाई को लुढ़काकर सो जाता है। सबेरे भी दुकान जाने तक इन्हीं कपड़ों में रहता है।

शंकर ही क्या, गर्मियों में तो जिसे देखो, वही कच्छा बनियान पहने घूमता दिखाई देता है। सड़क की दूसरी तरफ पढ़े-लिखे लोग रहते हैं, वे इन लोगों को जंगली कहने के अलावा कुछ कर भी तो नहीं सकते।

साहब ने तो कई बार कहा, "गजानन, तुम इन जंगली लोगों को कह नहीं सकते कि कम से कम डिफेंस कॉलोनी का तो खयाल करें, यहाँ पढ़े-लिखे लोग रहते हैं।"

"वहाँ रिवाज ही है साहब, छत की बात छोड़ो, लोधी रोड तक भी अगर जाना हो तो कच्छे में ही जाते हैं। साहब वहाँ कोई इसका बुरा नहीं मानता।"

साहब ने कन्धे उचका दिए थे, "खाक करेगी ऐसे में डेमोक्रेसी, फिर कहते हैं जी, मेजोरिटी चाहती है, यही चाहती है मेजोरिटी? मेजोरिटी नंगी रहती है इसलिए सभी नंगे रहो, तुम लोग नहीं सुधरोगे। हमने गलत जगह पर कोठी खरीद ली।"

शाम को शंकर को बताया तो वह ध्यान से सुनता रहा, "हूँ, इसका मतलब ये कि हम कपड़े भी उन्हीं की मर्जी के मुताबिक पहनें। खुद तो ए. सी. की ठंडी हवा में रहते हैं, घड़ी-घड़ी ठंडा चाहिए पीने को उन्हें। और हम कच्छा बनियान में भी नहीं घूम सकते। उससे कहना, अभी तो हम इसमें भी घूमते हैं, लेकिन तुम लोगों ने इस तरह कोठियों पर कोठियाँ खड़ीं कीं तो ये भी नहीं...अच्छा, छोड़ यार। तेरी मेम साहब को भी ऐतराज है क्या हमारे नंगेपन से?" शंकर ने फिर वही दो-चार घिसे-पिटे सवाल पूछे और चला गया छत पर। गजानन ने भी अपनी खटिया बिछा दी।

"शंकर तू जितनी गाली देता है उन लोगों को, उतने बुरे वे हैं नहीं। ठीक है, गरीब लोगों को ये लोग आदमी नहीं समझते, लेकिन सभी लोग एक जैसे हों, यह बात भी नहीं है। मेम साहब को ही ले लो, अमीर और गरीब में भेद नहीं करतीं वह। उसके सामने मैं आराम से सोफे पर बैठ सकता हूँ, वह चाय-ठंडे के लिए पूछती है। खरीदारी करते समय राय पूछती है, छोटा-मोटा हिसाब नहीं माँगती। लगता ही नहीं कि मालकिन है। और तुम्हारी भी तो कितनी इज्जत करती है, तुम बीमार हुए थे तो हाल-चाल पूछने भी आई थी।"

"अरे मैं अच्छी तरह जानता हूँ इन लोगों को, इनसे जितना बच सकते हो बचो। इनके चंगुल में जो आ गया, नींबू की तरह निचोड़ कर फेंक देंगे ये।"

शंकर को कोई रट लगती है तो लगी ही रहती है। शाम को ऐसे ही सवाल-जवाब करने लग जाता है। आधी रात तक ऐसी बकवास किये जाएगा और फिर सुबह जब धूप सिर पर आ जाएगी, तब उठेगा। गजानन कई बार कह चुका है कि सुबह टाइम पर उठाकर, भगवान की दया से मंदिर

बगल में ही है, दर्शन करने चलाकर। लेकिन उसे भगवान से क्या मतलब। कहता है, "सच बोलो, वही भगवान है। ये जो कोठियोंवाले हैं न, सच बोलने से कोठियाँ खड़ी नहीं होतीं।"

"हाँ रे गजानन, कोई नई बात सुना।"

"आज साहब-मेम साहब में झगड़ा हुआ।"

"किस बात पर?"

"मेम साहब की गैर-मौजूदगी में साहब ने वह पेंटिंग तोड़ दी।"

"कौन सी पेंटिंग?"

"वही, जो तुमने मेम साहब को दी थी।"

"कौन-सी दी थी मैंने?"

"तुम्हें पता होगा, कौन-सी पेंटिंग थी।"

"तुम्हें कैसे पता, मैंने दी थी?"

"छोड़ यार, अब सोने दे।"

"बता न तुझे कैसे पता?"

"तुम्हारे दस्तखत जो थे उसके नीचे।"

"तेरे साहब ने क्यों तोड़ा उसे?"

"पता नहीं, पूछ रहा था कि मेम साहब कब से जानती हैं शंकर को।"

"तूने क्या कहा?"

"बचपन से।"

"फिर।"

"मेम साहब ने पूछा तो मैंने बता दिया कि साहब ने तोड़ी है।"

"भला तुझे ऐसा बोलने की क्या जरूरत थी?"

"तुम्हीं तो कहते हो, सच में ही भगवान है, सच-सच बताते क्यों नहीं तुम्हारा क्या चक्कर है मेमसाहब से।"

"तू सुनना चाहता है कि मेमसाहब से मेरा क्या रिश्ता है, तो सुन। ये जो साउथ एक्सटेंशन है न आजकल, यहाँ तब कोटला गाँव था। कुछ कम्पनियों ने गेस्टहाउस बनाए थे यहाँ। इनमें से एक में मैं भी काम करता था केयर टेकर का और जरूरत पड़ने पर ड्राइवर का भी। ये गेस्ट हाउस थे तो चौमन्जिले लेकिन टिकने के लिए कभी कभार कोई आता था और वो भी विदेशी। यहाँ की फर्मों और कम्पनियोंवाले विदेशी खरीदारों को

टिकाते थे इनमें। उनको सारी सुविधाएँ मुहैया कराई जाती थीं। सारी सुविधाएँ, समझता है न, हाँ सारी, खड़ी भी और पड़ी भी।

"जिस गेस्ट हाउस में मैं काम करता था उसका मालिक था खन्ना। वह पिचहतर से ज्यादा उम्र का था। उसका यू.पी. में लोहे का कारखाना था। उसकी एक रखैल थी जिसे उसने देहरादून में रखा था, वहीं उसके लिए कोई कोठी बना रखी थी। वह पच्चीस-तीस से ज्यादा की नहीं थी। दिखने में खूबसूरत और चालाक। उसकी नजर खन्ना साहब की धन दौलत पर थी। खन्ना साहब के बेटे बाप पर हाथ उठा देते थे। एक तो इसलिए, और दूसरे अपनी रखैल के लोभ में, खन्ना ज्यादातर देहरादून ही पड़ा रहता था। उसकी एक बेटी थी जो हॉस्टल में पढ़ती थी और सबको शक था कि खन्ना साहब अपनी जायदाद या तो रखैल के नाम करेगा या अपनी बेटी के नाम। खन्ना साहब के हालाँकि कई नौकर-चाकर थे लेकिन रखैल मुझ पर ज्यादा ही मेहरबान रहने लगी थी। वह जब भी मिलती, मुस्कराती, और चाहती कि मैं उससे बात करूँ। अन्य नौकर-चाकरों का भी कहना था कि वह मेरे बारे में पूछती रहती है लेकिन मैं ऐसा नहीं मानता कि वह मेरी तरफ खिंच रही है । बाद में यह बात साबित भी हो गई जब उसने मुझे खन्ना की बेटी को मसूरी की पहाड़ी से लुढ़काने का ठेका दिया। मैंने इस काम के लिए मना कर दिया था, लेकिन यह सोचकर कि अगर मैं इस काम को हाँ नहीं करता हूँ तो कोई और यह काम करेगा, मैंने हाँ कर दी।

"बेबी मसूरी में ही पढ़ती थी, वह मुझसे कई बार घूमने की जिद भी करती थी। मैं उसे एक रोज घुमाने ले गया और कैमल बैक के सामने एक धार पर ले जाकर मैंने कहा, 'बेबी, मैं तुम्हें यहाँ से नीचे फेंक दूँ तो?' सर्दियाँ शुरू हो चुकी थीं, देर दोपहर तक नीचे घाटी से कुहरा उठता रहता था। तब भी कुहरा इससे होता हुआ ऊपर आसमान में बढ़ रहा था। दस फीट दूरी पर खड़ा पेड़ भी नहीं दिख रहा था, घाटी तो क्या दिखाई देती। बेबी की उम्र पन्द्रह साल से ज्यादा नहीं थी। पहले तो वह हँस पड़ी, 'गिरा दो' कहते हुए , लेकिन मेरा चेहरा देखकर भागने लगी। मैंने उसे पकड़ लिया और उसे अपनी बात सुनने को मजबूर किया। मैंने उसे बताया कि उसके बाप की रखैल ने उसे मारने का मुझे ठेका दिया है। मैंने उसे हॉस्टल छोड़कर दिल्ली अपने भाइयों के पास चले जाने की सलाह दी और वापस आकर उसके बाप

की रखैल को खबर दी कि काम हो गया है। बेटी के गायब होने के गम और रखैल की मंशा, दोनों ने खन्ना साहब की आँखें खोल दीं और वह दोनों झटकों को नहीं झेल पाया। अब यह जो तुम्हारी मेम साहब है न, यह वही बेबी है, इसका मर्द कई बार घुमा-फिराकर पूछता है उससे कि उसका मुझसे क्या रिश्ता है। लेकिन वह भी कम जिद्दी नहीं है, कहती है रिश्तों की कोई सरहद नहीं होती, उन्हें बयाँ नहीं किया जा सकता, इसलिए तुम्हारे साहब को शंकर नाम से ही नफरत है, उसका बस चले तो वह दुनिया की उस हर तसवीर को फाड़ डालेगा जिसके नीचे शंकर लिखा हो। और तो और वह शंकर भगवान से भी नफरत करता है।"

"चल सो जा, यह बात किसी से कहने की नहीं है। अगर कही तो तुझे पहाड़ से लुढ़का दूँगा।"

"शंकर!"

"सो जा, खोपड़ी खराब मत कर।"

"एक बात बता यार, मेम साहब की जान बचाकर तो तू भगवान हो गया उसके लिए, फिर तू उसकी जात को गरियाता क्यों है?"

"भगवान हूँ उसके लिए, अपने लिए तो इनसान ही हूँ न। अब बकवास बन्द कर नहीं तो फेंक दूँगा छत से।"

लाल सलाम

यह उन दिनों की बात है जब महिला सशक्तीकरण का जुमला आयात नहीं हुआ था। बचन फिल्मी गीतों का शौकीन था, जब देखो नये-नये फिल्मी गीत गुनगुनाता मिलता। लेकिन कुछ दिनों से खास किस्म के शब्द चढ़ गए थे उसकी ज़ुबान पर—लाल सलाम, लामबन्द, चक्काजाम, मजदूर-एकता और हड़ताल। उसने बताया की शहर में यूनियन बन गई है। एक अखबार की प्रतियाँ भी बाँटता फिरता। लोगों को इस अखबार से ही पता चला कि शहर में रेहड़ी-खोमचा यूनियन अलग बन गई है। इससे पहले ये लोग 'व्यापार संघ' के सदस्य थे। अखबार का मानना है कि खोमचेवाले पक्की दुकानवालों की यूनियन के सदस्य नहीं हो सकते क्योंकि उनमें शोषित और शोषक का रिश्ता है। पक्की दुकानें ही खोमचेवालों को ऊँची कीमतों पर सामान बेचती हैं। अखबार धर्म की भी खबर लेता है, कहता है धर्म अफीम है।

अगले अंक में छपा कि सरकारी कर्मचारियों से घरेलू काम करानेवालों के खिलाफ मजदूर लामबन्द हो रहे हैं। बचन भी यूनियन की बैठकों में जब-तब चला जाता। लेकिन उसकी शामत तब आई जब बड़े साहब ने उसे 'मजदूर एकता जिन्दाबाद' के नारे लगाते देख लिया। बचन सौ-दो सौ कर्मचारियों के साथ जिन्दाबाद के नारे लगा रहा था। बड़े साहब ने उसे बुलाया और समझाया कि यूनियनवालों के बहकावे में न आए।

दूसरी तरफ उसके यूनियन के दोस्त घरेलू चाकरी छोड़ने के लिए दबाव डाल रहे थे। बचन का कहना था कि बड़े साहब घर का काम जरूर कराते हैं, लेकिन यह काम मुश्किल से आठ घंटे का होता है। उसे इस बात में कोई दम नहीं नजर आता कि पानी की पाइप लाइन बिछाने और घरेलू काम-काज में कोई फर्क है। उलटा, सर्दियों में जब लाइन का जोड़ ठीक करने के लिए कमर-कमर गड्ढा खोदकर पानी में डूबे रहना पड़ता है, तब पता चलता है, नौकरी कैसे होती है। कभी स्कूल के बच्चे पाइप तोड़ देते हैं किसी गाँव में तब सात-सात, आठ-आठ किलोमीटर चढ़ना-उतरना पड़ता है, ठीक करने के लिए।

बड़े साहब के घर का जो रौब-रुतबा है वो खलासी की ड्यूटी पर थोड़े ही है। बड़े साहब के आदमी से परमानेन्ट फिटर भी सीधे मुँह बात करते हैं। बाबू लोग, जब-तब साहब का मूड जानने के लिए बचन को चाय पिलाते हैं। कभी रात को पार्टी हो जाती है तो बचन के हिस्से में भी आ जाते हैं दो-चार घूँट। उस रात बचन गाँव नहीं जाता, कोठी में ही लेट रहता है।

जल निगम में नौकरी लगने से पहले बचन प्राइवेट बस इकसठ तिरासी में हैल्पर था। थोड़ी बहुत मुर्गीबाजी भी हो जाती, लेकिन नौकरी टेम्परेरी ठहरी। जल-निगम में आज नहीं तो कल परमानेन्ट हो ही जाना है, फिर, गाँव भी पास है।

है तो वह जल-निगम का मस्टर-रौल का खलासी, लेकिन बड़े साहब के चाकरों की फौज में उसका पहला नम्बर है। किसी काम के लिए उसने कभी ना नहीं की। बगीचे की निराई कर रहा हो या बेबी को खिला रहा हो, कपड़े इस्तरी करा ला रहा हो या एल्बो, साकेट और टूटियों का थैला लिए जा रहा हो, वह मुस्कराता ही दिखाई देता है। बड़े साहब के घर के काम से वह जब भी खाली होता, कोई न कोई पकड़ ही लेता है। बाजार में कोई होटलवाला उससे चाय के पैसे नहीं माँगता, सबको मालूम है कि वह वक्त पर काम आता है। एक जगह बैठना उसकी नियति नहीं है। नंगे पाँव भागता रहता है इधर-उधर। उसके शरीर की तुलना में उसके पाँव बढ़े हुए हैं। बड़े साहब, मेम साहब के कपड़ों को उमेठते हुए और लोअर बाजार से अपर बाजार सामान ढोते-ढोते लगता है उसका शरीर घट रहा है और पाँव

के पंजे बढ़ते जा रहे हैं। एक दिन बचन नहीं होगा, बस दो पाँव होंगे चलते फिरते, ऐसा लगता है।

बड़े साहब के काम से उसे जब भी फुर्सत मिलती है वह मेरे कमरे में आकर लाल सलाम कहता है और चार-पाँच बीड़ियाँ फूँक जाता है। कभी टार्च घुमाने लगता है तो कभी रेडियो पर बी.बी.सी. लगाता है। वह मुझे अच्छा लगता है क्योंकि मैं जब-तब उस पर अपना गुस्सा उतार सकता हूँ, उसे गधा, बेवकूफ और उल्लू कह सकता हूँ।

बचन आदमी नहीं, एक समझदार रोबोट है। पूस के काठमार जाड़े में सुबह ठीक पाँच बजे रिजर्वायर-टंकी खोल देता है। फिर सब्जी और अखबार लाता है लोअर बाजार से, फिर बगीचे का काम। दोपहर को भक्ता के होटल में सुस्ताता है, ब्लीचिंग पाउडर से छीजकर सफेद हो गए हाथों के ऊपर कमीज का बाजू बिना बटनों के लटकाता हुआ। दिन में रोज इसी होटल में मिलता है बचन, बीड़ी के कश मारते हुए।

इस होटल में बचन ही नहीं, साहब लोगों के और नौकर-चाकर भी आते रहते हैं। लगभग सभी को अपने साहबों से शिकवा होता है लेकिन बचन को कोई शिकायत नहीं होती। साहब लोगों का दिया खाते हैं, इसलिए उन्हीं की चुगली करना बचन को ठीक नहीं लगता। बड़े शहरों की बात अलग है, वहाँ तो बड़े से बड़ा अफसर अपना कार्ड लिए न चल रहा हो तो या तो उसे दफ्तर से घर वापस जाना होता है या पास बनाने के लिए लाइन में लगना होता है। छोटे शहरों में भी कौन सबके पास खलासी रखे हैं, और रखे भी हों तो बचन जैसे बिरले ही होते हैं। बड़े साहब ने पुण्य कमाए होंगे, तभी उन्हें बचन-सा खलासी मिला।

यूं तो आई.टी.आई. पास फिटर खलासी हैं, मगर अकड़ उनकी कि 'सरकारी काम करेंगे बस'। यानी एक के घर का पानी बन्दकर दूसरे के घर डालेंगे। दो-चार रुपए ऐंठकर तीसरे के घर के पाइप में कपड़ा ठूँसकर दूसरे के घर में नहर बहाएँगे। मेन सड़क से जा रही लाइन को पहले खुद तोड़ेंगे, फिर रिपेयर करने लगेंगे। यातायात बन्द होगा, डी.एम. साहब की डाँट पिलवाएँगे बड़े साहब को और खुद बीड़ी पीकर गप्पें ठोकेंगे। लेकिन बचन है कि मजाल क्या किसी के कहने में आए। जान छिड़कता है बड़े साहब पर। बड़े साहब जब भी दौरे पर जाते हैं, बचन को साथ ले जाते हैं।

साथवाले सामने तो भली बातें करते हैं लेकिन पीठ पीछे उसे चमचा कहते हैं। उसके साथी ही नहीं, बड़े साहब के दफ्तरवाले भी उसे इसी नाम से पुकारते हैं। साथी फिटरों और खलासियों की सबसे बड़ी शिकायत तो यह है कि बचन बड़े साहब के कपड़े तो एक तरफ, मेम साहब के भी कपड़े धोता है। बचन के ही गाँव का है पानसिंह, आई.टी.आई. पास फिटर। राजपूत बनता था, इसलिए सात साल में रेगुलर हुआ पिछले साल। उसने बचन को समझाया भी, "तू राजपूत है, जनाने कपड़े धोता है, क्यों हमें डुबाता है नरक में।" बचन की अक्ल में बात नहीं आई तो पानसिंह ने डराया-धमकाया भी, लेकिन सब बेकार। बड़े साहब ने बचन को रेगुलर करने के कागज चलाए हैं। एक महीने में रेगुलर होनेवाला है बचन। पानसिंह में अक्ल होती तो रेगुलर होने में सात वर्ष नहीं लगते। सोचकर बचन हँस पड़ता है।

हँसना तो उसका काम ही है। किसी ने उसे गुस्सा होते या गम्भीरता से बात करते नहीं देखा। वह एक ही दिन मायूस दिखाई दिया था। जिस लड़की से उसकी शादी तय थी उसका बापू वहाँ के रिवाज के मुताबिक दस हजार की माँग किये हुए था। बचन की बिसात इतनी नहीं थी, इसलिए मायूस था। लेकिन हिम्मत वह फिर भी नहीं हारा था। बाद में भैंस खरीदने के नाम पर बैंक से, और कुछ साहब लोगों से उधार कर उसने शादी कर ही ली। लेकिन शादी हुए हफ्ताभर भी नहीं हुआ कि वह नौकरी छोड़ने को तैयार हो गया।

धनसिंह आकर कहने लगा, "इस नालायक को समझा दो। इसकी अक्ल घास चरने गई है। अब तक अच्छी भली नौकरी कर रहा था, घर का नून-तेल चलता था। अब, जब कर्जे में सिर तक डूब गए हैं तो नौकरी छोड़ने को कहता है।"

बात नालायकी की ही थी, धनसिंह ठीक ही कह रहा था। पूरे दस हजार दिए थे उसने लड़कीवालों को, तब की थी बचन की शादी। अब शादी होते ही बचन नौकरी छोड़ने जा रहा था इसलिए धनसिंह की जगह कोई और बाप होता तो वह भी यही कहता। धनसिंह चालीस का था जब बचन की माँ बचन को चार साल का छोड़ गई थी। धनसिंह चाहता तो उस सस्ते जमाने में हजार-बारह सौ में बच्चा सँभालने के लिए घर बसा ही सकता था।

लेकिन उसने ऐसा नहीं किया। बचन को सँभाला था—बाप और माँ दोनों बनकर। बचन आठवीं में दो बार फेल हुआ, तब भी स्कूल नहीं छुड़ाया उसने।

बचन को मैं समझाऊँ, यह बात सीधे तौर पर समझ में आने की नहीं है। धनसिंह बाप होकर भी नहीं समझा पा रहा है तो मैं भला उसे क्या समझाऊँ। धनसिंह केवल मुझे इज्जत देकर कोई हित-साधना चाह रहा हो, यह बात भी नहीं है। हो सकता है धनसिंह ने सारे हथियार आजमा लिये हों। अगर ऐसा है तो यह तय है कि धनसिंह बहुत परेशान हैं और डूबने से बचने के लिए तिनके का सहारा चाहता है।

भला मैं बचन को क्या समझाऊँ। जब उसे शादी के लिए उधार रुपयों की जरूरत थी, तब मैं उसकी कोई मदद नहीं कर पाया था। बड़े साहब ने ही उसे थोड़ा-बहुत कर्ज दिया था। अब वह बड़े साहब की नौकरी करने को ही मना कर रहा है, तो भला मेरी क्यों सुनेगा। फिर भी मैंने फैसला कर लिया कि मैं उसे समझाऊँगा ही। मैंने उसे बुलावा भेजा। वह रोज की तरह मुस्कराता हुआ आया। मैंने उससे नौकरी छोड़ने का कारण जानना चाहा तो, 'मैं अब जनाने कपड़े नहीं धोऊँगा' कहकर वह उठ खड़ा हुआ।

"आज तक कैसे धोता रहा, अब, जब दस हजार का कर्जा हो गया है तब नौकरी क्यों छोड़ना चाहता है? जानता है बड़े साहब के घर का काम नहीं करने का मतलब क्या होता है- मस्टर-रौल से नाम साफ। अब तो तेरे रेगुलर होने में एक महीना रह गया है। एक महीना रुक जा, उसके बाद चाहे तो साहब का काम छोड़ देना, तुझे साइट पर लगवा देंगे या फिल्टर में पोस्टिंग करवा देंगे। अब तो तू घर में दुल्हन ले आया है, तेरे बच्चे होंगे, जिम्मेदारी बढ़ेगी फिर कैसे चलाएगा घर का खर्चा? क्या तेरी घरवाली ने मना किया है साहब का काम करने को?"

"नहीं, उसने तो कुछ नहीं कहा साहब, पर मेरी ही जमीर नहीं मानती। मैं घर में अपने कपड़े तक खुद नहीं धोता, और यहाँ आकर जनाने कपड़े धोऊँ, यह क्या अच्छी बात है?"

मैं उसके चेहरे को घूरकर देखता हूँ। वह इतना बदल गया है कि मैं उसे उल्लू, गधा और बेवकूफ कुछ नहीं बोल सकता। मैं उसे बड़े साहब के

पास ले जाता हूँ, शायद वही डरा-धमका दें और वह मान जाये। बचन बड़े साहब के सामने भी अडिग रहा। काम नहीं करने का कारण जानना चाहा तो उसने अपने गले में हाथ डालकर जनेऊ बाहर निकाल लिया, "राजपूत हूँ साहब, शादी के समय यज्ञोपवीत हो गया है। अब जनाने कपड़े धोऊँगा तो गायत्री का मन्तर भिरस्ट हो जाएगा।"

पत्नी के प्रेम व उसकी श्रद्धा ने बचन का आत्मसम्मान जगाया या गायत्री मन्त्र के निष्फल हो जाने के भय ने, उसने काम छोड़ दिया। बचन जाकर यूनियन में शामिल हो गया।

बोरी

सोचना उसकी आदत नहीं थी, लेकिन इन दिनों वह बहुत सोचने लगा है। तब तो हद ही हो गई जब उसने नाई की दुकान पर पढ़ा कि गैस के दाम फिर बढ़ गए हैं।

"अभी आता हूँ," कहकर चुपचाप उठ आया था, यह सोचकर कि बाल पहली के बाद ही बनवाएगा। गैस सात रुपए महँगी, बस का किराया डेढ़ गुना, मिट्टी का तेल, राशन, सब्जी सभी चीजों के दाम बढ़ गए एक ही हफ्ते में। मकान मालिक भी किराये को सवा गुना करने की घोषणा करेगा।

यह नहीं कि अपनी बेवकूफी के कारण वह ज्यादा सोचता हो। लोगों की नजर में भी उसने कोई बेवकूफी नहीं की। बच्चों की तादाद दो से अधिक नहीं जाने दी, लेकिन जाने क्यों, कपड़ों पर पैबन्द लगाने की नौबत आने लगी है। एक बस्ता पहले ही छह महीने से ज्यादा नहीं चलता और अब तो बस्ता, किताब, कॉपी, पैंसिल सभी की कीमत बढ़ गई होगी यह सोचकर ही वह सिहर उठता है।

"आप अभी तक जागे हो।"

नीता का हाथ उसके ऊपर आ गया था। वह चुप रहा।

"चीजें इतनी महँगी हो गई हैं, कैसे चलेगा, मैं कहती हूँ हमें गाँव भेज दो।" इसका मतलब नीता भी नहीं सोई। वे दोनों आँखें बन्द किये समाधान ढूँढ़ रहे थे, गाँव भेज तो दें, लेकिन बच्चों का स्कूल? आठवीं तक जाकर

ए.बी.सी. ही सीखेंगे। बी.ए. करेंगे, फिर दिल्ली आएँगे, क्लर्की करेंगे और फिर इसी तरह उनींदे रहेंगे।

सुबह हुई, बच्चे चिल्लाए, पति-पत्नी में तकरार हुई, इसी बीच गैस खत्म हो गई, अधपका ही खाकर वह बस-स्टॉप पर आया, किराया बढ़ने के बारे में कन्डक्टर कुछ मसखरी कर रहा था, लेकिन वह अनसुना कर गया। अब भी लोग बस पर लटकते जा रहे हैं टिकट सौ रुपए का हो जाएगा फिर भी लटकते रहेंगे।

उसे अपने कॉलेज के दिन याद आते हैं, जब बस के फुट-बोर्ड पर लटकना जन्मसिद्ध अधिकार था। टिकट लेकर सफर करना तो अपमानजनक बात थी। कभी नारेबाजी, कभी हड़ताल, बातचीत के प्रायः दो ही मुद्दे होते थे—लड़ाई या लड़की। बसों में बाबुओं का मजाक बनाते। बाबू शब्द था ही मजाक के लिए। किसी को बस में ब्रीफकेस लिए देखते तो सटकर आगे बढ़ते हुए कहते, "बाबू जरा हो जाना एक तरफ उतरना है।"

वह अगर कोई अफसर हुआ तो जल-भुनकर रह जाता और कुढ़ी नजरों से देखता। तब लगता था, जीवन भी फुट-बोर्ड के सफर की तरह हवादार है जिसमें धचकोलों का आनन्द बहारें ले आती है। लेकिन अब लगता है जैसे उसी फुट-बोर्ड पर उलटे लटक गए हों, जिस पर महँगाई हर चढ़ने वाले यात्री की तरह धक्का मार जाती है, हर समय अब गिरा, तब गिरा।

वह उन लोगों का लोहा मानता है जो ठसा-ठस भरी बस में महिला-सीटों की तरफ सटने के लिए संघर्षरत रहते हैं। भीड़ में वह जब केवल साँस लेने के लिए जी तोड़ कोशिश कर रहा होता है, तब कई लोग साँस तो लेते ही हैं, महिला सीटों की तरफ धँसने के लिए भी अलग से ताकत लगाते हैं। महिला सीटों से सटने के लिए युवा उतने लालायित नहीं होते जितने कि सन्यास की उम्रवाले। शर्मा को ही देख लीजिए, पोती-पोतियोंवाला है, बालों को डाई किये रहता है, लेकिन जब किसी महिला की बगल से गुजरता है तो भूल जाता है कि उसकी भी बेटियाँ हैं, बहुएँ हैं।

वह बस का डंडा पकड़े चुपचाप खड़ा रहता है। उसकी उम्र के लोग पे-कमीशन पर, पॉलिटिक्स पर, सिनेमा पर और जाने किस-किस पर बातें करते हैं और वह सुनता रहता है। उसे जलन होती है उन लोगों से जो गैस, सब्जी, कॉपी-किताब और जूते-कपड़ों के अलावा सोच पाते हैं। वह देखता

है कि इन बसों में पतले पेटवालों से तो ज्यादा तकलीफ नहीं होती, लेकिन मोटे पेटवाले घसीटते हुए ऐसे आगे निकल जाते हैं कि बस। स्टॉप के आते ही पिंडलियों में जूतों की बौछार होने लगती है।

लोगों को ऐसा करते देख उसे लगता है, ये लोग सोचते बिलकुल नहीं। विवाह से पहले वह भी नहीं सोचता था। विवाह से पहले सेक्स एजुकेशन दी जानी चाहिए, इस तर्क पर उसे हँसी आती है। उसका मानना है कि शादी के बाद दम्पति को सबसे पहले और सबसे अधिक जो चीज डराती है, वह है—महँगाई। विवाह के बाद युवा महँगाई के डर से हिम्मत न हार बैठे, इसके लिए विवाह से पहले ही कुछ किया जाना चाहिए—उसे महँगाई में खड़े रहना सिखाया जाना चाहिए।

महँगाई ने उसके जीवन का दर्शन ही बदल दिया है। हर दो महीने बाद भविष्यनिधि से पैसा निकालने के लिए अर्जी लगा देता है। बीमा कराता है लेकिन किश्त जमा न कर पाने के कारण जमा रकम लुटवा देता है। कभी लाटरी की लाइन पर लग जाता है। बीड़ी का खर्चा तो बढ़ता ही जाता है। वह नहीं चाहता कि कोई उससे मिलने आए। पत्नी के बारे में वह सोचता है कि उसे गाँव छोड़ आए माँ-बाप के पास। कभी सोचता है बीबी बच्चों को छोड़ बोधिवृक्ष की तलाश में निकल जाए।

सामने की सीट पर जो लड़की बैठी है उसका चेहरा कितना मिलता है पहले की नीता से। नीता जैसी पहले थी अब कहाँ रह गई। अब तो आँखों के नीचे स्याह हो गया है। उसे लगता है कि वह यदि एक लड़की का ढंग से भरण-पोषण नहीं कर सकता था तो उसे विवाह का भी कोई अधिकार नहीं था। लोग पचास वर्ष की उम्र में भी कुप्पा बने हैं और नीता को अभी से सूखे का रोग लग गया है। यही हाल रहा तो कोई बड़ी बीमारी भी बैठ जाएगी।

वह स्वयं को नीता के सपनों को खंडित करनेवाला अपराधी मानने लगा है। लेकिन नीता ने भी तो बड़े से बड़े कष्टों को हँसकर झेलने की बात कही थी। दोनों अपनी-अपनी कथनी पर कहाँ अडिग रह पाए। महँगाई ने दोनों को ही हिला दिया। घूम फिरकर वह महँगाई पर ही आ जाता है। वह मानता है कि अगर विवाह से पहले ही महँगाई की मार का बोध करा दिया जाए तो कितने ही सपने खंडित होने से बच जाएँ।

कल ही गैस खत्म हुई और कल ही बनारस से साली का खत मिला कि वह घूमने के लिए दिल्ली आ रही है। वह तो रामपरसाद से सौ रुपए ले लिये, तो गैस आ गई। परसों लौटाने का वायदा किया था। सोचा था डी.ए. का एरियर मिल जायेगा, लेकिन वह भी अगले महीने मिलने को है। अगर कल तक रामपरसाद के पैसे नहीं लौटाए तो सामने-सामने झूठा बनना पड़ेगा। अब एक ही उपाय है कि एक हफ्ते के लिए दफ्तर से छुट्टी ले ली जाए, ताकि न रामपरसाद से सामना होगा और न उधार लौटाने की बात। पहली के बाद उसे पैसे लौटा देंगे। लेकिन छुट्टी तो गुप्ता ऐसे नहीं देगा। पिछली बार नीता बीमार हुई थी तो गुप्ता ने चपरासी भिजवाया था घर पर, यह देखने के लिये कि अर्जी में झूठ तो नहीं लिखा था। अगर उसने इस बार छुट्टी दे भी दी तो बनारस से आ रहे मेहमानों को किस तरह घुमाया-फिराया जाएगा। आटो रिक्शा में थोड़ी दूर जाओ कि बीस-तीस का बिल।

सोचते हुए उसकी नाक पर पसीना आ गया। लोगों के धक्के खाते-खाते वह ड्राइवर के पीछेवाली सीट तक पहुँच गया। तभी पीछे से किसी की आवाज आई, अरे नहीं उतरता तो किनारे क्यों नहीं होता। वह हड़बड़ा गया था। वाकई कृषि-भवन आ गया था। धक्का-मुक्की हो रही थी कि वह भी सीढ़ियों की तरफ लपका। उसे नहीं मालूम कि किसी ने उसे जानबूझ कर धक्का मारा, या इत्तफाक से, एक घुटना उस के पीछे पड़ा और वह दो सीढ़ियाँ लाँघ कर सामने सड़क पर जा गिरा। बस चल दी। तभी एक स्कूटर उसके पाँव को दबाते हुए आगे निकला। उसने पाँव खींचा तो जूता रुमाल बनकर सड़क पर बिछ गया था। उसने जूता समेटा, रोटी का डिब्बा उठाया और चश्मा सँभालते हुए फुटपाथ पर बैठ गया।

पाँव छिल गया था, लेकिन ज्यादा अफसोस उसे जूते का था। पिछले ही हफ्ते मोची को उसने दस रुपये दिए थे और अब तो उसने भी रेट बढ़ा दिए होंगे।

उसने एक बार फिर अपनी टाँग पर नजर दौड़ाई। उसकी सब समस्याएँ एक साथ हल हो गईं। वह इसी तरह दफ्तर जाएगा, लँगड़ाता, घिसटता हुआ–इसी से उसे हफ्ते भर की छुट्टी खुशी-खुशी मिल सकती थी। हफ्तेभर वह आराम से रामपरसाद की नजरों से दूर बिस्तर पर रह सकता

था। अब मेहमानों को घुमाने का खर्चा भी उसे नहीं करना था। पहली तक के लिए सारी समस्याओं का हल मिल गया था।

लेकिन समस्याओं को कब तक टालता। कुछ नहीं सूझा तो सुरिन्दर के पास चला गया।

सुरिन्दर से उसकी तंगहाली नहीं देखी गई तो उसे एक छुटभैये नेता से मिला दिया।

वह बोला, "तुम कोई बैंक क्यों नहीं खोलते?"

"बैंक! एक दिवालिया आदमी बैंक क्या खोलेगा, आप क्यों मजाक करते हैं।"

"मजाक नहीं, मैं तुम्हारे लिए एक ऑफिस बनवा देता हूँ, तुम बैठना शुरू कर दो।"

"और पूँजी?"

"पूँजी की चिन्ता तुम न करो। 'सिल्वर लाइन' बैंक का नाम सुना है? उसी की ब्राँच खोलनी है। मंत्री जी के बेटे और मशहूर क्रिकेटर दिवाकर का बैंक है। और बैंकों के मुकाबले दुगुना ब्याज देता है ये बैंक, इसलिए पूँजी जमा करनेवालों की कमी नहीं रहती। मुझे कह रहे थे ब्राँच खोलने के लिए, लेकिन मेरे पास टाइम नहीं है, तुम्हारे लिए सही रहेगा।"

कुछ ही दिन बाद सुरिन्दर का फोन आया, ऑफिस बनकर तैयार हो गया है। वह गया ऑफिस में तो आँखों पर भरोसा नहीं हुआ। छत से लेकर दीवारों और फर्श पर लकड़ी का आलीशान काम था। कार्पेट में पाँव धँस रहे थे। एयर कंडीश्नर लगा था।

पहले रिसेप्शन था जहाँ पर एक लड़की बैठी थी, वह कम्प्यूटर पर काम कर रही थी। उसके बाद मैनेजर का चैम्बर था जहाँ से स्टाफ पर नजर पड़ती थी। बैंक की स्कीमों के बारे में जानकारी देने के लिए एक व्यक्ति हैड क्वार्टर्स से आया था, जो लोगों को समझा रहा था कि यह बैंक इसलिए ज्यादा ब्याज देता है कि यह बैकिंग के अलावा हर्बल कॉस्मेटिक भी बनाता है । इसका मकसद ज्यादा से ज्यादा लोगों को रोजगार देना है आदि, वह उलटे पाँव लौट गया और पहुँच गया सुरिन्दर के पास, "तू इतनी बड़ी बात मत कर यार, मुझे कहीं पार्ट टाइम नौकरी दिला दे इससे ज्यादा मेरी जरूरत नहीं है।" उसे लगा दाल में कुछ काला है। अगर उसके जरिये जमा हुआ

पैसा लेकर मालिक चम्पत हो गए तो क्या होगा। उसने सुरिन्दर के सामने अपनी जिज्ञासा रखी तो वह बोला, "तू भाग जाना। पहले भी कई जगह ऐसा हुआ है, शहर का दरोगा गिरफ्तारी को आने से पहले तुझे इत्तला कर देगा। तू नेपाल चले जाना, लेकिन ये बात किसी को बताना मत, स्टाफ को भी नहीं।"

सुरिन्दर इतनी आसानी से यह बात कह गया लेकिन उसके तो जैसे बदन में झुरझुरी पैदा हो गई। सुरिन्दर ने बताया कि प्राइमरी स्कूल खोलना कठिन है और विश्वविद्यालय खोलना आसान। नेताओं की बीवियों को पार्टनर बनाओ तो चुटकियों में विश्वविद्यालय का विधेयक पास। विधेयक क्या, अध्यादेश के जरिये खुल जाते हैं विश्वविद्यालय। एक मकान किराए पर लो, अखबारों में विज्ञापन निकालो और महँगे पाठ्यक्रमों के फार्म बेचने शुरू कर दो। जमीन सरकार से एलॉट कराओ। दो साल में विश्वविद्यालय दौड़ने लगेगा। अगर कुछ नहीं भी करो तब भी पहले से चले आ रहे निजी कॉलेजों को एफिलिएशन देने का काम करो और लाखों रुपए वसूलो।

"कोई नम्बर एक का काम बता यार, मेरी जरूरत ज्यादा नहीं है, जरा ढंग से परिवार पल जाए बस"।

लेकिन सुरिन्दर जैसे उसका मखौल उड़ाने पर आमादा था। उसने बताया कि पैसा तो चोरी में है। लेकिन छोटी चोरी करोगे तो पकड़े जाओगे। अगर बड़ी करोगे तो और इज्जत बढ़ती है। उसने बताया कि किस तरह शराब के पाउच की तस्करी करनेवाला खन्ना आज इंजीनियरिंग कॉलेज का मालिक है। आज अपने बच्चों के एडमिशन के लिए बड़े-बड़े नेता, अफसर उसके आगे नाक रगड़ते हैं। सुरिन्दर ने उसे कई ऐसी स्कीमें भी समझाईं जिनमें एक से दो, दो से चार और चार से आठ मेम्बर बनाए जाते हैं लेकिन उसकी समझ में वह भी नहीं आई।

"अच्छा तुझे बिजली निगम का सलाहकार बनवा देता हूँ , पाँच करोड़ रुपये लगेंगे बस।"

"पाँच करोड़?"

"हाँ, पाँच करोड़, लेकिन वो तूने थोड़े ही खर्च करने हैं वो देगी इलेक्ट्रॉनिक मीटर बनानेवाली एक कम्पनी, आधा पार्टी फंड में जाएगा, आधा बड़े नेताजी, प्रदेश प्रभारी और ओ.एस.डी. की जेब में। तेरा काम

इतना है कि तू पहले से चले आ रहे मीटरों की जगह इलेक्ट्रॉनिक मीटर लगवा देना। कम्पनी को बीसेक करोड़ का आर्डर दिलवा देना। मीटर डिफैक्टिव होंगे लेकिन फिकर नहीं, जनता चिल्लपों करेगी तो बिल मत भिजवाना, तब तक पार्टी की सरकार का कार्यकाल समाप्त हो जायेगा, फिर देखी जायेगी।

"कैसी बात कर रहा है यार, वैसे भी मैं नॉन टेक्निकल आदमी हूँ, मुझे तो बस...।"

"अच्छा तो तुझे खाद्य विभाग का सलाहकार बना देता हूँ, एक करोड़ खाली बोरी खरीदी जाती हैं हर साल, तू जरा-सा कम सूतवाली बोरी खरीदवाना, आठ आना हर बोरी के हिसाब से पचास लाख आएगा, एक मुश्त।"

"क्यों मजाक कर रहा है यार?"

"ये भी नहीं कर सकता!" खीझकर सुरिन्दर ने कहा, "एक करोड़ बोरी नहीं, तो एक बोरी ले और एक कटोरे में तेल डालकर सड़क के किनारे बैठ जा।"

मजमा

उन दिनों की बात है जब कनॉट प्लेस में बहुमंजिली इमारतें दो-चार ही थीं। पालिका बाजार नहीं बना था और वहाँ एक कॉफी हाउस हुआ करता था। विदेशी माल की अव्वल तो विशेष माँग थी नहीं और जो थी भी उसकी पूर्ति देशी को ही विदेशी बनाकर हो जाती थी। ऐसा माल चान्दनी चौक में ही मिल जाया करता। सूती कपड़े की आम जनता में तब बेक़दरी होने लगी थी और सिंथेटिक का आकर्षण पनप गया था। वी.सी.पी. चलन में नहीं आया था और टेलीविजन भी खास लोगों के ही पास हुआ करता था। इलाज करने के लिए डाक्टर भी थे, लेकिन हकीमों की भी कमी न थी। सोने की भस्म में शिलाजीत मिलाकर अमीरों का पौरुष बढ़ाने की बूटी अमीर दवाखाने बनाते थे और गरीबों के लिए सड़कों पर सांडे का तेल बिका करता था। सर्दियों में क्रिकेट की कमेंटरी महीना-महीना चलती रेडियो पर, और लोग मनोयोग से सुनते उसे। कभी-कभार फ्री-स्टाइल कुश्ती का भी दौर चलता। लाखों के टिकट बिकते। मोटे-मोटे लोगों को विश्व चैम्पियन बताकर भिड़ाया जाता और मिल बाँटकर कुश्ती होती। कुश्ती के बड़े पहलवान को कभी-कभी इलैक्शन में पार्टी के लिए भीड़-जुटाने में भी इस्तेमाल किया जाता।

सिनेमा हाल खचाखच भरे रहते, टिकटें ब्लैक होतीं। फाइटिंग और नाच-गानों के सीन पर दर्शक जान छिड़कते।

झुग्गी-झोपड़ियाँ शहर के बीच खूब थीं। राजनीतिक रैलियों में वहाँ से ट्रक भरकर लोगों को ले जाने का चलन हो आया था लेकिन मुआवजे के लिए झुग्गियाँ जलाने की बात नहीं थी। नेता लोग जमीन के कब्जे को अधिकृत कराने का लालच देकर वोट बटोरने लगे थे। परिवार नियोजन से लोग बिदकते थे।

तब विशिष्ट व्यक्तियों के आगे-पीछे कमान्डो नहीं हुआ करते थे। हाँ, उनके आते-जाते रास्ते में ट्रैफिक जाम तब भी होता था। अखबारों में छपी बातों को लोग सच मान लेते थे और उस पर बसों में जमकर बहस करते थे। तब एक दरवाजे की बस हुआ करती थी। जेबकतरे बड़े हुनर से जेब तराशते थे, हथियार दिखाकर बटुवा नहीं निकालते थे। धूमपान को 'धूर्मपान' और मूत्रालय को 'मुत्रकालय' तब भी लिखा दिखाई देता था। महिलाओं के लिए बसों में सीट 'आरक्षित' नहीं लिखा होता था फिर भी लोग महिलाओं को पास खड़ी देख, बैठने को सीट दे दिया करते थे।

रेल भवन के सामने खोखों में पपीता, अन्नानास और कचालू की चाट खूब बिकती। आस-पास के दफ्तरों में काम करनेवाली महिलाएँ सुबह ग्यारह बजे से ही चाट की प्लेटें हाथ में लिए चटकारे मारतीं, अपनी-अपनी ननद-जिठानियों की प्रशस्ति में बतियाती दिख जातीं। बोट-क्लब के लॉन में कोई रैली हो न हो, सर्दियों में मूँगफली और गर्मियों में आइसक्रीम की रेहड़ियाँ सजी रहतीं। कभी अमरूद और कभी खीरे की दुकानें भी टाट पर लगी होतीं। विदेशों से आयतित, बरते हुए कोट और पैंट नीलामी के भाव तीस-चालीस रुपए में बिक रहे होते। पास ही देहाती रागिणी का कार्यक्रम चल रहा होता, एक आदमी मटका बजाता और दो-तीन रागिणी सुनाते। एक तरफ पैन, टॉर्च, जुराबें, डायरी और कमीशन के फार्म बिक रहे होते तो दूसरी तरफ लाटरी के टिकट। कहीं किसी सिगरेट, ब्लेड या साबुन का सेल्समैन सेल्स-प्रमोशन कर रहा होता अंग्रेजी ढंग से हिन्दी बोलते हुए। कृषि भवन के पिछवाड़े एक आदमी मजमा लगाए रहता, "किसी का गुर्दा कमजोर हो, मसाना खराब हो, बदन दर्द, खूनी पेचिश, बवासीर, दाद, खारिश, खुजली, घर में माँ-बहन परेशान, खप-खप खाँसी। एक पुड़िया दिन में तीन बार। ठीक होने की गारंटी। गले में खराश-बलगम हो तो ये शुद्ध शिलाजीत।"

परसादी आजकल रोज तीन मजमें लगा रहा था—सुबह शाहदरा में, दिन में बोट क्लब पर और शाम को कम्पनी बाग में।

परसादी के मजमे में हर किसी को लगता जैसे उसका मसाना वाकई खराब है, हाथ अपने आप जेब में चले जाते। पास से गुजरती महिलाएँ भी उत्सुकतावश मजमे की तरफ बढ़तीं, लेकिन परसादी पहले ही कह देता—माँ, बहनें और बच्चे वहाँ खड़े न हों। इस बात का उपस्थित पुरुष वर्ग पर अच्छा प्रभाव पड़ता।

परसादी से मेरा परिचय पुराना था। वह मेरी गली में ही सामने के मकान की बरसाती में रहा करता था। कभी-कभी शाम को बाँसुरी पर धुन छेड़ देता। इसलिए शुरू में मैंने उसे संगीतकार के रूप में ही जाना। बाँसुरी पर जब पहली बार 'लट उलझी, सुलझा जा रे बालम' सुना था तो तबीयत हरी हो गई थी।

मैं जब पहली बार उसकी संगीत-सभा में गया तो बाँसुरी पर उसने यही गीत सुनाया था। मैं कलाकार की कला का कायल हो गया। महानगर के कर्कश वातावरण में मन हुलसा दिया था उसने। फिर एक रोज हारमोनियम पर 'चाँद से प्रीत लगाए पंछी बावरा' सुनाया था। धीरे-धीरे पता चला कि वह 'लट उलझी' को कभी हारमोनियम पर और 'चाँद से प्रीत लगाएँ' को बाँसुरी पर नहीं बजाता था।

परसादी नई महफिल में तो समाँ बाँध देता, लेकिन दो ही गीतों को बार-बार सुनकर यार-दोस्तों के कान बहरा गए थे। उसने एक-आध नए गाने भी बजाने चाहे, लेकिन चला नहीं। जो आज फिल्मों में ट्राइ करने की सलाह देते वे कल उसकी खिल्ली उड़ाने लगते।

परसादी के पास पूँजी की कमी थी, इसलिए जहाँ भी हाथ डालता, फ्लॉप होता। सड़क के किनारे ढाई-तीन सौ मीटर जगह खरीदकर मकान बनाना उसके बस की बात नहीं थी। इसलिए एक सर्वधर्म मंदिर सभा बनाई परसादी ने। देखते ही देखते पैसा जमा हो गया। पहले तो एक मूर्ति रखी खुले आसमान के नीचे। कुछ ही दिनों में आस-पास की महिलाएँ आने लगीं लोटों में पानी लेकर। एक रात मूर्ति के इर्द-गिर्द दीवार खड़ी हो गई। मंदिर बन गया, लेकिन जब तक किसी बड़े नेता को उद्‌घाटन के लिए राजी करता, सरकार बदल गई। अनधिकृत निर्माण बता कर इलाके में बुलडोजर फिर गया।

मलिन बस्ती सुधार के लिए एक संस्था बनाई। अनुदान लाया विभागों से। जब तक पर्यावरण के प्रोजेक्ट चलाता रहा, कोई दिक्कत नहीं आई। लगता था पुरस्कार अब मिला, तब मिला। लेकिन परिवार-नियोजन का काम हाथ में लेते ही बात बिगड़ गई। साथ का ही एक आदमी धोखा दे गया। संस्था के विरुद्ध अखबारों में बयान देने लगा। संस्था ठप हो गई।

फिर परसादी अखबार निकालने लग गया। भ्रष्टाचार, गोलमाल की खबर छापने लगा। विभागों से अच्छा विज्ञापन मिलने लगा। राजनीतिक लोगों से जान-पहचान बढ़ी। नागरिक अभिनन्दन की खबरें छपतीं, इसलिए रचनात्मक तालमेल बन गया। साथ के अखबारों को नागवार गुजरा। एक विज्ञापन को लेकर पार्लियामेंट क्वैश्चन हो गया। कहा गया कि सामान्य से दस गुना ज्यादा भुगतान किया गया अखबार को। सर्कुलेशन की जाँच हुई तो पाया गया कि दो सौ कॉपी छपती थीं और बीस हजार दिखाई जाती थीं। और अखबार भी बन्द हो गया। अखबार बन्द हुआ, वह तो देर-सबेर होना ही था, लेकिन ठीक इलैक्शन से पहले बन्द होने से ज्यादा नुकसान हुआ। चुनाव का ही समय होता है जब अखबार की कुछ पूछ होती है। पहले से स्वीकृत स्कूलों की इन्हीं दिनों घोषणा होती है, पानी, बिजली के विज्ञापन दिए जाते हैं। बयान छापने की ऐवज में भी हार्दिक अभिनन्दन के विज्ञापन मिलते हैं। पार्टी के पक्ष में सम्पादकीय लिखकर बताने की कोशिश की कि वह उन्ही का आदमी है लेकिन मुहल्ले के नेताओं ने खिलाफ लॉबिंग कर दी।

अखबार बन्द होने के बाद परसादी ठेक पर प्रूफरीडरी करने लगा। घर की तरफ से वह खुश नहीं था। जेब से गरीब और मन से कलाकार, वह तो परसादी ही था जो ठेल रहा था। उसने एक रोज दारू के नशे में बताया कि उसकी पत्नी ने उसे नामर्द कहा था। वह कई दिन तक बहुत परेशान रहा। 'कलाकार को सब कुछ सहना पड़ता है' हमने समझाया था। इस घटना के बाद हमने उसकी बाँसुरी कभी नहीं सुनी, वह दिखाई भी नहीं दिया।

बरसों तक परसादी के बारे में कुछ पता न चला, पुराना कोई दोस्त मिलता तो परसादी का जिक्र आ जाता। जब कभी मियाँ-बीबी में तलाक या ऐसी कोई खबर सुनता या पढ़ता तो परसादी याद आ जाता। धीरे-धीरे मैं परसादी को लगभग भूल गया।

काम भी ऐसा शुरू किया था कि अपनी ही सुध नहीं रही। पत्रिका निकालना इतना मुश्किल होगा मुझे मालूम नहीं था। नाम क्लीअर कराओ, डिक्लेरेशन फाइल करो, डाक रियायत की मगजपच्ची, कागज का कोटा, विज्ञान, ग्राहक, प्रेस, प्रूफ, सौ झँझट। लिखना-लिखाना, सो अलग। लगता था पत्रिका सालभर से ज्यादा नहीं चलेगी।

सबसे बड़ा झँझट कि विज्ञापन कहाँ से लाएँ। जो ज्यादा पैसे खर्च कर सकता है, टेलीविजन पर विज्ञापन देता है। कम आमदनीवाला बड़े अखबारों में। छोटे अखबारों की हालत यह कि नाक रगड़ते रहो इधर-उधर। सम्पादक विज्ञापनों के लिए सड़क की धूल फाँके या सामग्री तैयार करे। ऐसे में मुझे परसादी की याद आई। वह प्रेस का काम भी जानता था और विज्ञापन के हुनर भी। लेकिन उसका पता न ठिकाना। इतनी बड़ी दिल्ली में पता नहीं अब कहाँ मजमा लगा रहा होगा। और, मजमेवालों का भरोसा भी क्या आज दिल्ली में हैं तो जरूरी नहीं कि कल भी वहीं हों। 'मजमा एक ही जगह पर नहीं चलता' परसादी ने कभी खुद ही कहा था। फिर भी जब कभी मैं सड़क नाप रहा होता, इधर-उधर नजर दौड़ाता रहता कि हो सकता है कहीं परसादी दिख ही जाए, लेकिन मौके पर भला ऐसे कोई मिलता है।

एक कम्पनी मालिक ने तो मेरी आँखें खोल दीं। "जानते हो विज्ञापन कितनी तरह का होता है? क्यों दिया जाता है? पैसा कोई यूँ ही निकालता है कि लो साहित्य की दुकान चलाओ। विज्ञापन दिया जाता है इनकम टैक्स बचाने के लिए, कानूनी खानापूरी के लिए या एक्साइज कलैक्टर को खुश करने के लिए, नेताजी को राजी करने के लिए। तुम किस नाते आए हो?" "पागल कुत्ते ने काटा था, पाठकों से सालभर का ग्राहक शुल्क ले लिया है, इसलिए फँस गया हूँ।" "ठीक है, कल आना।"

एक टेलीफोन नम्बर को कई बार घुमा चुका था, लेकिन हमेशा जवाब मिलता, साहब कश्मीर गए हैं। किसी मित्र ने इस सेक्स क्लीनिक का टेलीफोन नम्बर तो दिया था, लेकिन पता नहीं। खैर किसी तरह पता कर मैं उस क्लीनिक के दफ्तर में जा धमका। दफ्तर शहर के बीच ऊपर की मंजिल पर था। सीढ़ियों के दोनों तरफ खजुराहो के रतिमग्न आदमकद चित्र लगे थे। बड़ा-सा रिसेप्शन कक्ष। सोफों पर कई लोग बैठे थे, अपने-अपने नम्बर पर अन्दर जा रहे थे।

साहब आज दफ्तर में ही थे। अपनी बारी आने पर मैं भी अन्दर पहुँचा। मेरे सामने कोई और नहीं परसादी लाल ही था। वह मुझे भूला नहीं था। उसी गर्मजोशी से मिला जिससे बाँसुरीवाला परसादी मिला करता था, मजमेवाला परसादी।

उसने आश्वासन दिया कि जब तक पत्रिका चलती रहेगी उसका विज्ञापन मिलता रहेगा। उसने अपनी पी.ए. को बुलाया और विज्ञापन का मजमून डिक्टेट करने लगा, "हमने दो साल पहले दावा किया था कि इस शहर में एक भी नामर्द नहीं रहने देंगे। तब से हजारों लोग हमारे पास इलाज के लिए आए। अब शहर में एक भी नामर्द नहीं है। अगर कोई हमको गलत साबित कर दे, यानी शहर का एक भी नामर्द हमारे पास ले आए तो पाँच सौ रुपए का इनाम। शहर से बाहर के लोगों का स्वागत है।"

मैंने परसादी से पूछा, "यार, क्या वाकई दिल्ली शहर में एक भी नामर्द नहीं रह गया है?"

परसादी मुस्कराया, "ढूँढ लो, कोई मिल जाए तो इनाम ले जाना। ये जो बाहर सोफे पर बैठे हैं न सब वहीं हैं, लेकिन वे घोषणा थोड़े ही करेंगे, दवा लेंगे और चलते बनेंगे, जैसे हमारे पास आए ही न हों। तुम्हें भी आने की जरुरत नहीं, हर महीने बिल भेज दिया करो।"

बबुआ

बनारस से रेल से चलकर हम न्यू जलपाईगुड़ी पहुँचे, रात के ठीक दो बजे। पहली श्रेणी का वेटिंग रूम छोटा होने के कारण अटा पड़ा था इसलिए महिलाओं को महिला प्रतीक्षा कक्ष में बिठाकर हम बाहर बरामदे में टहलने लगे। जून के महीने का तीसरा हफ्ता, मानसून लगभग पहुँच ही चुका था, बारिश नहीं हुई थी इसलिए उमस बनारस से कम नहीं थी। फिर भी आधी रात थी इसलिए कुछ राहत थी। बरामदे की दीवार पर चाय की दो-एक मशीनें लगी थीं और चाय थी भी सस्ती-तीन रुपये कप। कागज के प्लास्टिक चढ़े कपों पर हम चाय सुड़कने लगे। अभी यह भी तय नहीं था कि पहले दार्जिलिंग जाया जाए या गंगटोक।

जैसा कि हर रेलवे स्टेशन पर होता है, देश भर के चोर-गिरहकट, उठाईगीर सभी छँट कर पहुँचे होते हैं। मैं इस बारे में पक्के तौर पर तो नहीं कह सकता, लेकिन काफी भरोसे के साथ कह सकता हूँ कि हमारे तीर्थस्थलों या गंगाघाटों की बजाय रेलवे स्टेशन पर ज़्यादा गिरहकट रहते हैं। इसलिए यात्री आसपास के स्थानों, किराया-भाड़ा आदि के बारे में सीधे तौर पर कम ही पूछते हैं ताकि सामने वाला यह अनुमान न लगा सके कि यह व्यक्ति यहाँ के लिए बिलकुल नया है। फिर भी हमने चाय पी रहे एक सज्जन से पूछ ही लिया, "दार्जिलिंग में तो ठंड होगी आजकल?"

लेकिन इससे पहले कि वह जवाब देता, वह अपने कप में आधी चाय छोड़, सामने की तरफ लपका जहाँ उसका साथी उसे जल्दी चलने को कह

रहा था। चायवाले से पूछना चाहा तो तब तक कोई चार कप चाय लेने आ गया। रेलवे के माइक पर अंग्रेजी, हिन्दी और बांग्ला में प्रसारण हुए जा रहा था। हिन्दी और अंग्रेजी, दोनों पर बांग्ला का इतना असर था और आने-जानेवाली रेलगाड़ियों का ऐसा शोर था कि कान पर हाथ की ओट करने के बाद भी सन्देश कम ही समझ आ रहा था।

दार्जिलिंग पहले जाएँ या गंगटोक, हम इसी ऊहापोह में थे कि बाईस-तेईस साल का एक लड़का लँगड़ाते हुए हमारी तरफ आया। लँगड़े पैर के कारण वह अपने कद से छोटा था, हालाँकि दुबला-पतला होने की वजह से वह लम्बा नहीं होने के बावजूद कद का ठीक लगता था। वह आकर बगल में खड़ा हो गया। वह मेरे कानों तक आ रहा था। उसका रंग सांवला था और माथा चौड़ा। बाल घुँघराले तो नहीं लेकिन घुमाववाले थे। रात के उजाले में उसके कपड़े मिलिटरी रंग के से थे और वह पाँव में घिसी हुई हवाई चप्पल पहने था। वह इस तरह आकर मेरी बगल में खड़ा हो गया कि मैंने उसके लिए भी चाय का आदेश दे दिया। चायवाले से कप लेकर मैंने उसकी तरफ बढ़ाया तो मना करते हुए उसने हाथ बढ़ा ही लिया।

मैंने दार्जिलिंग और गंगटोक में से पहले कहाँ जाया जाए, यह उसी से पूछ लिया। उसने हमें गंगटोक पहले जाने की सलाह दी। उसने बताया कि रात के वक्त जाना ठीक नहीं है। सुबह चार बजे उजाला होने के बाद जाया जाए। उसने होटलों और टैक्सियों के बारे में हमें इतनी जानकारी दे दी कि वह हमारा अच्छा खासा गाइड हो गया। उसने हमें बताया कि रेलवे स्टेशन के बाहर बहुत से ट्रेवल एजेन्ट हैं जो टैक्सी, और गंगटोक व दार्जिलिंग में होटलों की व्यवस्था करा सकते हैं। चाय पीते-पीते मैंने उसका नाम जानना चाहा और काम भी। उसने अपना नाम बताया, जो मुझे अब याद नहीं लेकिन साथ ही उसने कहा कि लोग उसे बबुआ कहते हैं। उसने बताया कि वह न्यूजलपाईगुड़ी स्टेशन पर ही रहता है और यात्रियों की मदद करता है। उसने बताया कि उसका बाप भी वहीं कुली है लेकिन उसका अपने बाप से कोई लेना-देना नहीं क्योंकि बाप ने दूसरी शादी कर ली थी। कुछ देर यूँ ही गप्पों का सिलसिला चलता रहा, फिर तय हुआ कि हालाँकि गंगटोक के लिए टैक्सी सुबह पकड़ेंगे, लेकिन टैक्सी और गंगटोक के होटल की बात अभी कर ली जाए। हम बबुआ के पीछे-पीछे चल दिए। स्टेशन से

बाहर निकलते ही दुकानों की लम्बी कतार थी जिनके शटर बन्द थे। ये ट्रेवल एजेन्टों के दफ्तर थे। बबुआ ने पहले एक, फिर दूसरा और फिर तीसरा शटर खटखटाया और फिर डाँटते हुए शोर-सा मचाने लगा। वह बन्द शटरवालों को ऐसे उलाहना दे रहा था जैसे उनका मालिक हो। शटर खुला, हम अन्दर दाखिल हुए। अन्दर दो लड़के बैठे थे। बबुआ ने एक को डपटते हुए कहा, इनको गंगटोक जाना है और फिर दार्जिलिंग। दोनों जगह कमरे बुक कराओ और गंगटोक के लिए टैक्सी दिलाओ। एक लड़के ने कुछ एलबम निकाली जिनमें दोनों ज़गह के होटलों के फोटो थे। वह बताने लगा 'फ्रन्ट व्यू' वाला कमरा डीलक्स कितना महँगा है, आदि-आदि। टैक्सी का किराया उसने चौदह सौ रुपये बताया तो बबुआ उबल पड़ा, "ए, मेरा बाप है ये, एक हजार से ज्यास्ती नहीं देंगे।"

लड़का मान गया। हमने एडवांस भुगतान किया और वापस महिला प्रतीक्षा कक्ष की तरफ आ गए लेकिन बबुआ नहीं आया। वह आया ठीक चार बजे। उसने कुली किया और एक थैला खुद ले चला। रास्ते में तीन-चार लड़के टैक्सी, टैक्सी चाहिए? पूछ रहे थे लेकिन बबुआ ने उनको इस तरह घुड़की देकर भगाया जैसे जानवरों में कमजारों को भगाते हुए देखा जा सकता है। उसने हमें एक टैक्सी में बिठाया, तब तक पौ फटने लगी थी। और हम सिलीगुड़ी की तरफ बढ़ने लगे। बबुआ को हम हाथ हिलाते रहे और वह भी कुछ देर हाथ हिलाता दिखता रहा।

हमारा ड्राइवर नेपाली मूल का था। गंगटोक का सवा-सौ किलोमीटर लम्बा रास्ता कुछ तो उसकी गप्पों से और कुछ आसपास की हरियाली के कारण कब कटा पता ही नहीं चला। गंगटोक, जो केवल छह सात लाख आबादीवाले राज्य सिक्किम की राजधानी है, अन्य प्रान्तों के शहरों के लिए आदर्श हो सकता है। यहाँ मुख्य बाजार की सड़क साफ-सुथरी है, कहीं थूक नहीं सकते और टैक्सी आदि वाहन सुबह आठ बजे के बाद इसमें नहीं चलते। पॉलिथिन बैग ले जाते कोई पकड़ा गया तो पाँच हजार रुपए जुर्माना है और उस व्यापारी को दुगुना जुर्माना भरना पड़ता है जो ग्राहक को पॉलिथिन का थैला देता है। सुबह साढ़े छह बजे से पहले पूरे बाजार की सफाई हो जाती है। नगरपालिका के ट्रक आकर घंटी बजाते हैं और निवासी, दुकानदार, होटलवाले सभी अपना-अपना कूड़ा ट्रक में डाल देते हैं। दस-ग्यारह

बजते, सड़क पर पर्यटकों व स्थानीय लोगों का जमावड़ा शुरू हो जाता है। वैसे भी पूरब की ओर होने के कारण यहाँ सुबह का उजाला जल्दी हो जाता है और रात भी जल्दी हो जाती है। मुख्य बाजारवाली सड़क पर वाहन नहीं चलते इसलिए सैलानी मस्ती में घूम-फिर सकते हैं।

स्थानीय आबादी ज्यादातर भोटिया है। महिलाएँ मुक्तकेशी, छोटी आँखोंवाली हैं और डार्क मेकअप की शौकीन हैं। महिलाओं में जीन्स-टॉप का चलन खूब है, दुकानें चाय की कम और शराब की ज्यादा हैं। शराब सस्ती भी है। बियर जब देहरादून जैसे शहरों में सत्तर-अस्सी रुपये की बोतल बिक रही है, गंगटोक में पैंतीस-चालीस रुपये की है। दुकानें चीन में बने उत्पादों से अटी पड़ी हैं, इनमें जैकेट, जूते और छाते प्रमुख हैं। ड्रैगनवाली पेंटिंग्स यहाँ खूब दिखाई देती हैं। यह सब सामान नेपाल के रास्ते यहाँ पहुँचता है। कई होटलों और दुकानों में ड्रैगन पेंट किया हुआ है जिसे पड़ोसी तिब्बत का असर या पिछली पीढ़ी के उन कारीगरों का असर कहा जा सकता है जिनका छठे दशक तक तिब्बत आना-जाना था। यहाँ एक बड़ा मॉल भी बनाया गया है जिस पर अभी पूरी दुकानें नहीं खुली हैं। मॉल में दुकानदार जितने स्थानीय हैं, उससे ज्यादा बिहार और पूर्वी उत्तर प्रदेश के हैं। गंगटोक शहर को जिस सलीके से रखा गया है उससे लगता है पूरे सिक्किम में आम लोग इसी तरह अनुशासित, चुस्त-दुरुस्त और जीवन्त हैं। यह सम्भवतः यहाँ के राजनीतिक नेतृत्व के कारण है।

मुख्यमंत्री श्री पवन चामालिंग से मुलाकात नहीं हो पाई क्योंकि अगले दिन चीन का प्रतिनिधि मंडल नाथुला दर्रे पर आनेवाला था जो दो हफ्ते बाद भारत-चीन व्यापार के लिए इस दर्रे को खोलने के लिए तैयारी मुलाकात करने आ रहा था। इस प्रतिनिधि मंडल के आने के कारण हम अड़तीस किलोमीटर दूर छोम्गो झील भी नहीं जा पाए, जहाँ हम महज साढ़े बारह हजार फीट की ऊँचाई पर जून के महीने में बर्फ के बीच सरोवर का दर्शन कर सकते थे।

हम अगले दिन कालिम्पोंग होते हुए दार्जिलिंग के लिए चल दिए। कालिम्पोंग जाने के लिए तीस्ता नदी से पहले ही पतली पहाड़ी सड़क पर चढ़ जाना होता है और पचास-साठ किलोमीटर अतिरिक्त तय करने होते हैं। इसलिए टैक्सीवाले बारह सौ की बजाय अट्ठारह सौ रुपये किराया माँगते हैं।

हमें लगा कि ज़्यादा पैसे देने के बावजूद गंगटोक के टैक्सी चालक दार्जिलिंग जाने के लिए कालिम्पोंग का रास्ता पसन्द नहीं करते, शायद इसलिए कि वहाँ सड़क पतली है और चढ़ाईवाली भी। बहरहाल बारिश और घने कोहरे के कारण हम कालिम्पोंग बाजार का भी एक हिस्सा ही देख पाए। फौजी इलाका और हिमालय पर सूर्य की किरणों का सौन्दर्य हम नहीं देख पाए।

दार्जिलिंग पहुँचते अपराह्न चार बज गए थे। साढ़े छह हजार फीट की ऊँचाई पर होने के कारण बारिश के बीच यहाँ ठंड थी। शहर शुरू होते ही कुलियों के एक नेता ने यह कहकर कि टैक्सी आगे नहीं जा सकती और होटल तक वहीं से शुरू होनेवाली पगडंडी से जाना पड़ेगा, हमने वहीं टैक्सी छोड़ी और अपना सामान कुलियों के हवाले कर पगडंडी चढ़ने लगे। हमारे एक साथी की तबीयत खराब होने के बावजूद हमें पैदल चढ़ना पड़ रहा था और हम बबुआ व न्यूजलपाईगुड़ी के उस ट्रेवल एजेन्ट पर भुनभुना रहे थे जिसने हमारे लिए ऐसा होटल बुक किया जहाँ तक टैक्सी से नहीं जाया जा सकता था। लेकिन थोड़ी देर बाद हमने पाया कि कुलियों ने हमसे झूठ बोला था और उस होटल तक टैक्सी आ सकती थी। होटल ठीक-ठाक था। शाम को हम रिज पर आए, वहाँ से दार्जिलिंग के आस-पास के गाँवों का नजारा लिया जा सकता था। गंगटोक के निकटवर्ती गाँवों की तरह यहाँ भी गाँवों में मकान समूहों में नहीं बल्कि अलग-अलग छितरे थे और मकानों का यह पैटर्न उत्तराखंड के गाँवों से इस मामले में अलग था। सामने एक ही गाँव में हमारी दाँयी ओर वाले मकान नेपाल क्षेत्र में थे और बाँयी ओर वाले भारत में पश्चिमी बंगाल के दार्जिलिंग जिले में। रिज पर नेपाली के आदि कवि भानुभक्त आचार्य की आदमकद और राहुल सांकृत्यायन के ऊर्ध्व भाग की प्रतिमा लगी है। भानुभक्त की हाल ही में एक सौ बयानवेवीं जयन्ती मनाई गई। इन साहित्यकारों की प्रतिमा इस शहर की प्राथमिकता को दर्शाती हैं। नेपाली मूल के लोगों की बहुलतावाले इस हिस्से में संस्कृति व सम्वेदना की शिराएँ जीवन्त हैं हालाँकि दार्जिलिंग का पानी कठोर है और नवागन्तुक के लिए सुपाच्य नहीं है।

पर्यटन विभाग का एक पार्क यहाँ है जिसमें शाम को सांस्कृतिक कार्यक्रम होते हैं। सैलानी बीस रुपए का टिकट लेकर इसमें जा सकता है लेकिन बारिश इतनी थी कि दो घंटे तक हम कार्यक्रम की प्रतीक्षा में बैंचों

पर बैठे रहे लेकिन इस ओपन थिएटर में कोई कार्यक्रम नहीं हुआ। महिला स्वर में नेपाली गाना जरूर चलता रहा जो शुरू में तो अच्छा लगा लेकिन जब बार-बार रिपीट होता रहा तो पहली बार महसूस हुआ कि एक सीमा के बाद मधुर धुन की आवृत्ति भी कर्कश लगने लगती है। अगर पार्क में नृत्य के लिए बने सीमेंट के फर्श के ऊपर दर्शक-बेंचों की तरह बारिश से बचाव के लिए छप्परनुमा कुछ होता तो नर्तक दल बारिश में भी कार्यक्रम दे सकते थे और सैलानी बेरंग नहीं लौटते। बहरहाल, दार्जिलिंग की दुकानें भी चीन में बने सामान से भरी पड़ी हैं, यहाँ एकाध अच्छी निजी आर्ट गैलरी हैं। दार्जिलिंग के चाय बागों को दिखातीं कुछ पेंटिंग भी यहाँ मिलती हैं। यहाँ एक-दो बौद्ध मठ भी हैं। पश्चिम बंगाल की हिल काउंसिल के नेता सुभाष घिशिंग का भव्य सरकारी बंगला यहाँ है। पता चला कि वे यहाँ मजबूत सिक्यूरिटी में रहते हैं। हमारे होटल में जमा पत्रकार साथियों ने बताया कि घिशिंग बाहर तो पत्रकारों को खूब साक्षात्कार देते हैं लेकिन दार्जिलिंग में पत्रकारों से परहेज करते हैं। ये पत्रकार हमारे होटल में इसलिए आए थे कि बारिश के कारण सुबह नजदीक ही एक होटल का एक हिस्सा भूस्खलन से ढह गया था, पत्रकार अपने कैमरों के साथ वहाँ पहुँचे थे। अब चूँकि वहाँ मिट्टी-पत्थर का खिसकना रुक गया था इसलिए हमारे होटलवाले आश्वस्त थे कि खतरे की कोई बात नहीं थी।

हम शाम को बाजार घूमे और खरीदारी करते रात के साढ़े आठ बज गए। अगले दिन वापस न्यूजलपाईगुड़ी के लिए रवाना होना था और हमने तय किया था कि खलौना-रेल के बजाय भारत-नेपाल सीमा पर बसे पशुपति बाजार और मिरक होते हुए वापस जाएँगे। अभी रात के साढ़े दस बजे होंगे कि होटल के कर्मचारी आए और हमें फटाफट कमरा खाली करने को कहा गया। उनका कहना था कि बगलवाले होटल का एक और हिस्सा ढह गया है और अब जोखिम उठाना ठीक नहीं है। नीचे सड़क पर कोलाहल था, हम सामान लेकर नीचे उतरे तो देखा भीड़ का नेतृत्व बबुआ कर रहा था। वह होटलवालों पर गर्म हो रहा था और उन्हें पर्यटकों को जल्दी शिफ्ट कराने को कह रहा था। थोड़ी देर में बबुआ हमारे नये कमरे में आया। उसने हमें बताया कि उसे न्यूजलपाईगुड़ी में खबर लग गई थी कि हमारे होटल के बगल में जमीन खिसक रही है। उसे लग रहा था होटलवाले हमें शिफ्ट नहीं कराएँगे

इसलिए वह स्वयं चला आया। उसने हमें बताया कि वह तड़के न्यूजलपाईगुड़ी निकल जाएगा। हम बहस करते रहे कि बबुआ अगर ट्रेवल एजेन्सियों के लिए काम करता है तो भी न्यूजलपाईगुड़ी में करीब एक सौ एजेन्सियाँ हैं। उसे हर रोज सैंकड़ों लोग मिलते हैं, वह किस-किस की परवाह करता होगा।

अगले दिन की शुरुआत एक चिड़चिड़े ड्राइवर से झें-झें के साथ हुई। वह कैरियर पर सामान सैट करने को लेकर होटल के कर्मचारी के साथ उलझ गया था। लेकिन पाँच-छह किलोमीटर उतार पर टैक्सी चलाने के बाद उसका गुस्सा भी उतर गया और वह हँस बोलने लगा। पहले हमें दो-एक चाय के बाग मिले। उनमें कामगारों की टोलियाँ वैसी ही दिखाई दीं जैसी सिनेमा या टीवी के पर्दे पर दिखती हैं। इन बगीचों में घुसकर फोटो खिंचाने का मोह सैलानी नहीं छोड़ पाते और हमारे साथ भी वैसा ही हुआ। कुछ देर बाद हम पशुपति बाजार पहुँच गए। भारत-नेपाल सीमा पर अपनी टैक्सी छोड़कर नेपाल की टैक्सी लेनी पड़ती है, जो एक-डेढ घंटे में बाजार से वापस सीमा पर छोड़ देती है। यह बाजार छोटा-सा है और चीजें भी खास सस्ती नहीं है। इसलिए हमने यहाँ कोई खरीदारी नहीं की। यहाँ से नीचे तलहटी में मिरक है। यहाँ एक सरोवर है जो नैनीताल से कुछ छोटा है। इसके विकास की काफी सम्भावना है। पृष्ठभूमि में दो में से एक टीले पर बौद्ध मठ और दूसरे पर एक बंगला है, दोनों मिरक झील से खूबसूरत दिखाई देते हैं। मिरक में दो-चार चाय की दुकानें हैं जिनकी बैंचों पर बैठकर चाय की चुस्की लेना अच्छा लगता है।

दोपहर तक हम न्यूजलपाईगुड़ी पहुँच गए । अब हमें गुवाहाटी जाना था। गाड़ी लेट थी इसलिए चार-पाँच घंटे प्लेटफार्म पर ही गुजारने थे। हमें बबुआ की तलाश नहीं करनी पड़ी। वह उसी तरह लँगड़ाते हुए हमारे पास पहुँचा, उसने हमें कई सारी जानकारियाँ दीं। उसने बताया कि यहाँ जगह-जगह से आए कई चोर-उचक्के हैं इसलिए अपने सामान की खास देखभाल करनी पड़ती है। उसने बताया कि आगे करीब सौ डेढ़ सौ किलोमीटर का इलाका ऐसा है जहाँ सामान बेचने के नाम पर कई उठाईगीर डिब्बों में घुस आते हैं। न्यूजलपाईगुड़ी रेलवे कैन्टीन में खाना ठीकठाक मिलता है। हमने देखा कि रेलकर्मी, जो खड़ी ट्रेनों की सफाई करते हैं, उनमें पानी भरते हैं, वे आसान दिखनेवाला मुश्किल काम कर रहे होते हैं। जिस

फुर्ती से वे काम कर रहे थे, उससे लगता था कि वे जरूर कैजुअल कर्मचारी होंगे, स्थायी कर्मचारियों में ऐसी फुर्ती कम ही देखने में आती है। हमारी गाड़ी को जिस प्लेटफार्म पर आना था, उस पर नहीं आई। रेलवे की बांग्ला मिश्रित हिन्दी की घोषणा हमारी समझ में नहीं आई, लेकिन लोगों को भागता देख एक-ए नम्बर प्लेटफार्म की तरफ हम भी भागे, वहाँ हमारी गाड़ी आ चुकी थी। काफी मशक्कत के बाद हम डिब्बे में घुसे। तब तक "खाना ले लो" कहते हुए कुछ वर्दीधारी कर्मचारी आ गए। वे कह रहे थे कि इस गाड़ी में पेन्ट्री-कार नहीं है। इसलिए यहीं से खाना रख लिया जाए। हमने खाना लिया लेकिन भुगतान के वक्त हमारे साथी को पता चला कि उनकी जेब कट गई थी, जेब पर ब्लेड नहीं चला था, बटुवा उड़ा लिया गया था। बाद में हमें पता चला कि जो खाना हमने खरीदा था वह भी नकली कैन्टीनवालों ने रेलकर्मी बनकर हमें बेचा था। यह खाना निहायत घटिया था। लोगों का कहना था कि ये लोग रेल कर्मचारियों से मिलकर ही यात्रियों की जल्दबाजी का फायदा उठाते हैं।

हालाँकि हमारे कैबिनों में पर्दे लगे थे लेकिन वे सामान बेचनेवालों के लिए अभेद्य नहीं थे। एक-के-बाद-एक सामान विक्रेता कर्कश आवाज लगाता, परेड करता-सा हमारा पर्दा उठाता आगे बढ़ रहा था। उनकी संख्या इतनी ज्यादा थी कि टी.टी.ई. या अन्य कर्मचारी उन्हें रोक नहीं सकता था। ये लोग पैन से लेकर चद्दर और इमरजेन्सी लाइट तक बेच रहे थे। रात के तीन बजे उनकी आमद का सिलसिला रुका। तभी हमारे दो-तीन केबिन आगे एक महिला चिल्लाने लगी कि उसका पर्स गायब हो गया है। बाद में पास की ही बर्थ में पर्स तो मिल गया लेकिन उसमें से रुपये और मोबाइल फोन गायब थे।

दिन में एक नेताजी दो गनरों के साथ हमारे केबिन के बगल में आ गए। एक गनर गली में खड़ा रहा और दूसरा बाथरूम के बाहर। दोनों की बगल में लाइट मशीनगन जैसा हथियार था। नेताजी ने कोई हुड़दंग नहीं किया। मैं दो-एक बार बाथरूम की तरफ गया तो उन्हें खर्राटे लेते पाया। खिड़की के शीशों की ओंस अब समाप्त हो गई थी और बाहर दिख सकता था। खेतों में फावड़े चलाते बुजुर्ग दिख रहे थे और उनके आस-पास चरते बगुले भी। इन बगुलों की सफेदी नेताजी के कपड़ों सदृश थी। नेताजी उनके

बारे में अनभिज्ञ थे और बगुले नेताजी के बारे में। मेरे पास कोई काम नहीं था इसलिए दोनों में समानताएँ ढूँढ़ता टाइम पास कर रहा था।

गुवाहाटी पहुँचते सुबह हो गई थी। हम टैक्सी स्टैंड पर मोलभाव कर रहे थे कि एक बुजुर्ग व्यक्ति ने हमें फैसला सुनाया–"उस टैक्सी में जाओ, वह ड्राइवर मेरा बेटा है, शिलांग जल्दी पहुँचा देगा।" बाद में ड्राइवर ने बताया कि वह उसका बाप नहीं बल्कि खान चाचा था। उसे सभी ड्राइवर खान चाचा पुकारते हैं। चाचा की पाँच बीवियाँ हैं। लेकिन आगे वह कुछ नहीं बता पाया।

गुवाहाटी से मेघालय की राजधानी शिलांग के लिए हल्की चढ़ाई है। सड़क के आसपास सुपारी के पीले फल दिखाई देते हैं और अन्नानास के झाड़ीनुमा वृक्ष भी। रास्ते में एक झील 'बड़ा ताल' है जो पर्यटक स्थल के रूप में विकसित हो सकती थी। तीन घंटे से भी कम समय में हम शिलांग पहुँच गए। ये अपेक्षाकृत समतल भूभाग पर बसा पहाड़ी क्षेत्र है। मेघालय की खासी, गारो और जैन्तिया जनजातियों के साथ नेपाली और बिहारी लोग भी यहाँ रहते हैं। अंग्रेजों ने अपने शासनकाल में इस क्षेत्र में ईसाइयत की शिक्षा फैलाई और अब यहाँ अधिकांश आबादी गिरजाघरों में प्रार्थना करती है। यहाँ-वहाँ दीवारों पर पोस्टर लगे दिखते हैं, जिनमें अमुक फादर रविवार को अमुक चर्च में सन्देश देंगे, छपा होता है। जैसा कि इस प्रान्त के नाम से ही लगता है यहाँ बारिश लगभग लगातार रही। फिर भी हम शिलांग के प्रमुख मार्केट 'पुलिस बाजार' घूमे जहाँ हाल ही में एक मॉल काम्पलेक्स बना है। लेकिन देखने लायक है यहाँ का बड़ा बाजार, जहाँ हाथों में मुर्गे पकड़े और टोकरों में भी मुर्ग सजाए महिलाओं को देखना ऐसा लगता है, हम कोई चीनी फिल्म देख रहे हैं। खुशमिजाज महिलाओं को निर्ममता से मुर्गों को पकड़े देखना हमारी महिला साथियों को अच्छा नहीं लगा और उन्होंने बाजार के और अन्दर घुसने से इनकार कर दिया। मुझे बाद में किसी ने बताया कि यहाँ की दुकानों का किराया आज भी यहाँ के पुराने राजा को जाता है, हालाँकि इस पर विश्वास नहीं होता है।

अगले दिन हम पचपन किलोमीटर दूर चेरापूँजी के लिए मेघालय टूरिज्म की बस से निकले। बस तो खटारा थी लेकिन उसमें गाइड चुस्त थी। वह लड़की साढ़े चार फीट लम्बी भी मुश्किल से होगी लेकिन थी मिर्च की

फांक। वह शायद खासी थी। अचानक ड्राइवर के केबिन से अवतरित हुई और धाराप्रवाह अंग्रेजी में बताने लगी कि जिस जगह हम जा रहे हैं उसका असली नाम शोरापूँजी था जिसे अंग्रेजों ने अपभ्रंशित कर चेरापूँजी कर दिया। उसने बताया कि शोरा यहाँ का नाम है और पूँजी का मतलब है गाँव। वह गाइड हमें एक झरने पर ले गई जिसके बारे में उसने बताया कि एक महिला के दूसरे पति ने उसके पहले पतिवाले बच्चे को महिला की अनुपस्थिति में मार डाला। जब वह महिला घर लौटी तो उसने अपने नये पति से अपने बच्चे के बारे में पूछा लेकिन पति ने उसके बारे में अनभिज्ञता प्रकट की। तभी पत्नी की नजर एक टोकरे पर पड़ी जिससे बच्चे की उँगलियाँ बाहर निकल रही थीं।

पत्नी यह विश्वासघात नहीं झेल पाई और उसने आकर झरने की खोह में छलाँग मार दी। गाइड ने कहा कि झरने का नाम उस घटना पर पड़ा है लेकिन नाम क्या बताया यह अब याद नहीं है।

देहरादून वापस पहुँच कर हमारे एक साथी ने पूछा, "इस दौरे की सबसे यादगार चीज क्या रही।" महिलाओं का कहना था 'बबुआ'। हम भी इससे इनकार नहीं कर पाए। हमें उसका सहयोगपूर्ण रवैया याद आता है लेकिन महिलाएँ उसे सौतेली माँ का सताया मानती हैं और जब-तब याद करती हैं। सौतेली माँ भी सौतेले बाप जितनी क्रूर होती हैं?

जात्रा

नवम्बर का आखिरी हफ्ता था, उत्तरी भारत में ठंड पड़ रही थी। दिल्ली और आस-पास के इलाकों में सुबह का कोहरा गहराने लगा था, लेकिन दक्षिण भारत में बात कुछ और थी। यहाँ ठंड का नाम नहीं था। कर्क रेखा के नजदीक होने के कारण दक्षिण की यह तासीर थी। यहाँ देखने को ठाठें मारते समन्दर थे और थे, पल्लव, चोल, पाण्ड्य और चेर राजाओं के बनवाए भव्य मंदिर।

मैं कन्याकुमारी पहुँचा तो वहाँ खासी गर्मी थी। रात में पंखे चल रहे थे। भारतीय प्रायद्वीप के अंतिम छोर पर कन्याकुमारी, जहाँ तीन समुद्र–हिन्द, अरब और बंगाल की खाड़ी मिलते हैं। इसी दक्षिणी छोर से मैंने यात्रा करने की ठानी थी। यहाँ से रामेश्वरम, मदुरै और शंकराचार्य की जन्मस्थली कालटी होते हुए मुझे उत्तर में गंगोत्री तक जाना था। कन्याकुमारी समुद्रतट पर खड़े हों तो तमिल के आदि कवि थिरुवल्लुवर की एक सौ तैतीस फीट ऊँची प्रतिमा समुद्र के बीच में खड़ी दिखाई देती है। ईसा से कुछ पहले के थिरुवल्लुवर का तमिल में वही स्थान है, जो संस्कृत में वाल्मीकि या वेदव्यास का। उन्हीं के बगल पर विवेकानन्द रॉक पर स्वामी विवेकानन्द की गुफा है, जिसमें स्वामी जी ने तीन दिन तक ध्यान लगाया था। अब वहाँ उनका मंदिर बन गया है। इस मंदिर के अहाते में ही शीशे के फ्रेम के अन्दर एक जोड़ी चरण चिह्न हैं, जिनके बारे में कहा जाता है कि देवी कन्याकुमारी ने

यहाँ तप किया था और जब बाणासुर ने उनके तप में विघ्न डालने की कोशिश की, तो देवी ने युद्ध कर उसे मार दिया।

कन्याकुमारी मंदिर में पुरुष कमर से ऊपर कोई वस्त्र पहनकर प्रवेश नहीं कर सकते। अपने दुबले शरीर का नग्न प्रदर्शन मेरे लिए सुखद अनुभव नहीं हो सकता था। फिर भी परम्परा के अनुसार अपनी कमीज और बनियान खोल, बाहर काउंटर पर जमा करा, मैं भी सैंकड़ों अन्य श्रद्धालुओं के साथ अन्दर प्रवेश कर गया। शाम का समय था और लोगों के साथ मैं भी कतार में खड़ा हो गया। तब तक अयप्पा भक्तों का एक रेला आ गया, फिर दूसरा और फिर तीसरा। यह सिलसिला चलता रहा। अयप्पा दक्षिण भारत में लोकप्रिय देवता हैं, जिनका दूसरा नाम मणिकंठ है। उन्हें हरि यानी विष्णु और हर यानी शिव की संतान माना जाता है। कहते हैं कि जब सुर-असुर ने समुद्र मंथन किया तो चौदह रत्नों में विष और अमृत भी निकला। विष भगवान शंकर ने पी लिया। अमृत कहीं असुरों के हिस्से न चला जाए, इसलिए भगवान विष्णु ने मोहिनी रूप धारण किया जो अमृत देवताओं में बाँटने लगी। विष्णु के इस मोहिनी रूप पर शिव मोहित हो गए और दोनों की जो संतान हुई वह मणिकंठ या अयप्पा कहलाई। इस देवता का केरल में बड़ा मंदिर है। सर्दियों में इनके भक्त एक महीना उपवास रखकर काली धोती पहनकर व काला ही साफा गले में लटकाए विभिन्न मंदिरों की यात्रा करते हैं। देवदर्शन में अन्य श्रद्धालुओं के मुकाबले इन्हें प्राथमिकता दी जाती है और पंक्ति में पहले से खड़े श्रद्धालु से आगे कभी भी सैकड़ों की संख्या में अयप्पा-भक्त आकर खड़े हो सकते हैं।

दिन की यात्रा से तो मैं थका ही था, शाम को कतार में खड़े-खड़े भी करीब दो घंटे हो चले थे और मेरा धैर्य जवाब दे रहा था। हट्टे-कट्टे अयप्पा-भक्तों का चिपचिपा नंगा बदन मेरे शरीर से स्पर्श कर रहा था, जिससे मुझे जुगुप्सा हो रही थी और दम घुटता-सा लग रहा था। ऐसे में मेरे सब्र का बाँध टूट गया और मैं स्वयं को यह सांत्वना देते हुए कतार से अलग हो गया कि अब अगली सुबह फिर किस्मत आजमाऊँगा। उदास सा, मैं, लौट आया। लेकिन दरवाजे तक पहुँचने से पहले ही एक व्यक्ति ने टोका, "दर्शन हो गए?"

"नहीं, इस भीड़ में मेरे बस का नहीं है।"

"बीस रुपए लगेंगे, मेरे साथ चलो।" मैं उसके साथ हो लिया। जेब में हाथ डाला तो सब बड़े नोट थे, केवल एक दस का छोटा नोट था। जबतक मैं उसे वह नोट पकड़ाता, हम गर्भ गृह के ठीक सामने थे। इतनी जल्दी वह किस दरवाजे से लाया, मुझे नहीं मालूम। मुझे लगा यह तो 'जहाँ मन वहाँ गमन' हो गया। अभी मृत्यु-लोक में था और अभी स्वर्ग पहुँच गया। इसके बाद दक्षिण के दर्जनों मंदिरों में गया, कहीं कोई कठिनाई नहीं हुई। दक्षिण भारत के सबसे प्रसिद्ध मंदिर तिरुपति बालाजी में भी नहीं, जहाँ दर्शन के लिए बहुत धैर्य की जरूरत होती है।

अब उत्तर की बारी थी। बदरीनाथ जाते हुए मैं नन्दप्रयाग पहुँचा। नन्दप्रयाग के लोगों को इस बात पर गर्व है कि प्रथम एवरेस्ट विजेता एडमंड हिलेरी, अपने 'सागर से आकाश' अभियान के दौरान गंगा-नदी में धारा के खिलाफ अपनी बोट को यहाँ तक ले आया था लेकिन नन्दप्रयाग से आगे नहीं बढ़ सका। उनका कहना है कि यह सब भगवान बदरीविशाल की कृपा है। बदरीविशाल की कृपा तो सभी पर है, उन लाखों लोगों पर है जो हर साल बदरी-केदार की यात्रा पर आते हैं, और उन पर भी है जो नन्दप्रयाग जैसी चट्टियों, कस्बों में यात्रा-मौसम में डंडी, कंडी, टैक्सी, होटल और धर्मशाला चलाते हैं। मई में बदरीनाथ के कपाट खुलने से पहले नन्दप्रयाग के होटल रंग-पुत जाते हैं। टैक्सियाँ चकाचक हो जाती हैं, होटलों में काम करने आस-पास के गाँवों के बेरोजगार लड़के आ जाते हैं, जो लोकल लोगों से चाय के एक कप के दो रुपए और टूरिस्टों से चार रुपए लेते हैं। नन्दप्रयाग बाजार में अब खाली जगह नहीं के बराबर रह गई है। सड़क के दोनों तरफ होटल बन गए हैं, कहीं पर अगर जगह खाली है, तो वहाँ जात्री-जनानों की धोतियाँ सूखती दिखाई देती हैं।

एक जमाना था जब गर्मियों में तो इस कस्बे में यात्रियों की चहल-पहल रहती ही थी, सर्दियों में भी यहाँ गहमा-गहमी होती। नीती-माणा के भोटिये अपनी भेड़-बकरियों के साथ नीचे उतर रहे होते और यहाँ के साहूकारों से उधारी का हिसाब-किताब करने के अलावा यहाँ अपने नमक, सुहागा और ऊन आदि का भंडारण करते और इस सामान को आस-पास के गाँवों में बेचने ले जाते। बाद में कोटद्वार से लौटते समय वे वहाँ से कपड़ा, गुड़, बर्तन आदि लाते। वे कोटद्वार से नमक भी लाते जो पौड़ी आते-आते बिक जाता।

अब तिब्बत पर चीन के काबिज होने के बाद बाड़ाहोती बॉर्डर बन्द हो गया है और व्यापारी भोटियों को मजबूरन व्यापार छोड़ना पड़ा है। इस तरह नन्द्रप्रयाग के ढाबे और होटल, जो गर्मियों में बदरी यात्रा के दौरान धुआँ उगल रहे होते हैं, सर्दियों में उदास हो जाते हैं। पुलिस, स्वास्थ्य विभाग, टेलीफोन, डाकघर के कर्मचारी भी कम हो जाते हैं और कभी-कभी तो शाम होते ही सड़क पर कोई आदमजात नहीं दिखाई देता। लेकिन गर्मियों में रौनक फिर लौट आती है। रौनक क्या लौटती है, कस्बे से लेकर बाई तरफ मन्दाकिनी और सामने अलकनंदा के किनारे तक यात्रियों से पट जाता है। होटलों से, यात्रियों को, 'जगह नहीं है', कह कर लौटाया जाता है और यात्री एक होटल से दूसरे में चक्कर काटता रहता है। कुछ कमखर्च लोग बाजार में रुकने के बजाय ऊपर पुराने मुहल्ले तक चढ़ जाते हैं जहाँ पुरानी पैदल यात्रा के समय का बाजार था। एक दस फुटी सड़क के दोनों ओर कभी दुकानें रही होंगी लेकिन अब रिहायश बन गई है। इस सड़क का एक कोना अब चलने के लिए इस्तेमाल नहीं होता, इसे लोग सुबह निवृत्त होने के काम में लाते हैं। इसमें बिच्छूघास उग आई है और अब इस तरफ घुसना किसी दुस्साहसी के लिए ही मुमकिन है। कुल मिलाकर यह सड़क अब चलने में इस्तेमाल नहीं होती। इसके दूसरे छोर पर बस्ती घनी होती जा रही है और उससे आगे की पहाड़ी कच्ची और पनीली है जो खिसकती जा रही है। इसका मलबा जब-तब यात्रा-मार्ग पर आ जाता है और सड़क दो-दो दिन के लिए बंद हो जाती है।

उस दिन भी ऐसा ही हुआ था। मुझे एक होटल में जगह मिल गई थी। दिनभर क्या किया जाय, मैं यात्रियों, होटलवालों से बतियाते थक गया था, लेकिन कमरे में भी कितना बैठा जाय। ऐसे में सो भी नही सकते, आस-पास इतना कोलाहल, चिल्लपों, कोई अपने साथी को बुला रहा है, कोई होटलवाले से जिरह कर रहा। कहीं से बस का हॉर्न बज रहा है तो कहीं से ट्रक का। मैं सड़क से सीढ़ियाँ चढ़कर एक खुले ढलान में चला आया, जहाँ पर साँस ली जा सकती थी। इसके एक तरफ कमरों की पंक्ति है जिसमें यात्री भरे पड़े हैं और दाईं तरफ पक्का होटल है जो सरकारी उपक्रम 'गढ़वाल विकास निगम' का है। इसका मैनेजर मिलनसार था और रिसेप्शनिस्ट का काम भी खुद देखता था। उस दिन वह इतना व्यस्त था कि घड़ी-घड़ी सीट पर आता,

एक रजिस्टर टटोलता, फिर उठकर कहीं चला जाता। मेरे सामने जितने यात्री आए, उसने सबको हाथ जोड़कर कहा, "यहाँ बिल्कुल जगह नहीं है, इंचभर भी नहीं, आस-पास दूसरा होटल देख लो।" यह क्रम मैं घंटों देखता रहा। मेरी चूँकि सुबह सड़क पर ही उससे दोस्ती हो गई थी, इसलिए उसने मुझे सामने की कुर्सी बैठने को दी थी जिस पर बैठे मुझे लगभग तीन घंटे हो चले थे। मेरे सामने यात्री आते रहे। जब मैनेजर बाहर गया होता, मै ही उन्हें बता देता कि जगह बिल्कुल नहीं है। यात्री अनुनय-विनय करते, लेकिन मैं उनसे कहता कि उनकी भलाई इसी में है कि यहाँ समय बरबाद किए बिना वे बाजार में किसी होटल में जगह देख लें। रात के अँधेरे में एक तो होटल भी ढंग से नहीं दिखाई देता, ऊपर से कमरे भर गए तो सड़क पर ही रात गुजारो, सभी बाल-बच्चेवाले ठहरे।

शाम हो गई थी, कि एक सरदारजी अपनी सरदारनी और दो बच्चों के साथ पहुँच गए। मैनेजर सीट पर ही था, उसने सरदार जी की तरफ देखे बिना ही कहा, "जगह नहीं है, और कोई होटल देख लो।" लेकिन सरदार जी मेरी बगल की कुर्सी पर बैठ गए। उनकी पत्नी, बच्चे भी अपने सूटकेसों पर इत्मीनान से बैठ गए। मैं उठकर चला गया, लेकिन वे बैठे रहे। कुछ देर बाद मैं लौटा तो मैंने कहा, "सरदार जी आप यहाँ बैठकर समय जाया न करें, जाकर कोई और होटल देख लें"। लेकिन उन्होंने जवाब नहीं दिया और यथावत बैठे रहे। मैंने भी बार-बार होटल ढूँढ़ने की राय देने की बजाय अपना परिचय देकर उनका परिचय लेना बेहतर समझा। सरदार जी ने बताया कि वे बम्बई में व्यवसाय करते हैं। वहाँ परिवार के लिए समय नहीं निकलता इसलिए साल में एक बार घूमने निकल पड़ते हैं। उन्होंने बताया कि यात्रा में उन्हें कभी कोई कठिनाई नहीं होती, सब व्यवस्था हो जाती है। इस बार वे हेमकुंड साहिब की यात्रा पर निकले हैं। इस बीच उनकी सरदारनी और बच्चे बाहर निकल गए। बच्चों की परवरिश अच्छे माहौल में हुई लगती थी इसलिए मैं नहीं चाहता था कि रात उन्हें खुले में गुजारनी पड़े। सुविधाओं में पले बच्चे प्रकृति की कठोरता को नहीं झेल पाते हैं, उन्हें सर्दी-जुकाम जल्दी हो जाता है। और, अभी तो उन लोगों को हेमकुंड साहिब जाना था जहाँ जाने के लिए अठारह किलोमीटर पैदल चलना पड़ता है और ऊँचाई है करीब पन्द्रह हजार फीट। मैंने अपने मन की ये दुविधा सरदार जी के

सामने रखी, लेकिन वे निश्चिन्त बने रहे, वे बम्बई में अपने जीवन की व्यस्तता के बारे में बताते रहे। कुछ देर बाद वे उठकर चले गए। थोड़ी देर बाद वे मैनेजर के साथ लौटे। दोनों सामान उठाकर ले गए। करीब बीस मिनट बाद वे फिर आए। मैंने उन्हें पूछा कि क्या उन्हें कमरा मिल गया है, तो उन्होंने 'हाँ' में जवाब दिया। "पास के किसी होटल में", मैंने पूछा, तो उन्होंने बताया कि निगम के जिस यात्रीगृह में हम बैठे थे, वहीं मैनेजर ने अपना कमरा खाली कर दिया है। मैनेजर स्वयं किसी होटल में रहेगा। मैनेजर ने अपना कमरा चढ़ा दिया था।

बदरीनाथ यात्रा मार्ग पर एक और महत्त्वपूर्ण पड़ाव है, श्रीनगर। यह कभी गढ़वाल की राजधानी था। अलकनन्दा नदी के बाएँ किनारे बसे इस शहर का बिस्तार अब नदी के दूसरी तरफ भी होने लगा है। इसकी एक खूबी यह है कि यह पूरे गढ़वाल क्षेत्र के बीच में पड़ता है। राजा जब चाँदपुर गढ़ से देवलगढ़ होते हुए यहाँ आया तो उसके साथ उसके सलाहकार, गुणीजन, विद्वान, चाटुकार, मुसाहिब भी यहाँ आए और राज-दरबार में अपनी पहुँच बनाने और कायम रखने की होड़ ने यहाँ के वाशिन्दों में कई खास गुणों का विकास कर दिया। कहते हैं यहाँ के एक राजा के पास चाटुकार 'चकनों' की ऐसी फौज थी कि उनके गुलगपाड़ों से परेशान एक छुट्टे साँड़ ने उनसे छुटकारा पाने के लिए अलकनन्दा नदी में छलाँग मार दी थी।

उस रोज श्रीनगर पहुँचते मुझे शाम हो आई थी। पहुँचते ही दया भाई से मेरा सामना हुआ। वह यहाँ की डालमियाँ धर्मशाला में मैनेजर था। धर्मशाला में हालाँकि दस-बारह से ज्यादा कमरे नहीं हैं लेकिन यात्रियों को इसका तब बड़ा सहारा था। मैं भी इसी सहारे से इसमें गया। मैनेजर के कमरे में भीड़ लगी थी लेकिन वह नन्दप्रयाग वाले मैनेजर की तरह यात्रियों को अन्यत्र होटल देखने को नहीं कर रहा था। वह यात्रियों से कह रहा था, "गर्मी हो रही है, थोड़ा इधर-उधर टहल आओ।" शाम होते ही ऋषिकेश और रुद्रप्रयाग, दोनों तरफ से यात्रियों की आमद बढ़ गई। मैनेजर दयाशंकर बंगालियों के साथ बंगाली में और गुजरातियों के साथ गुजराती बोल रहा था। छीनने और झपटनेवाली इस भीड़ में भी वह चिड़चिड़ा नहीं हो रहा था और हरेक से यही कह रहा था, "कोई न कोई रास्ता निकालते हैं।" सभी यात्री आमतौर पर परिवार के साथ यात्रा पर आए थे और इन परिवारों के

बारे में परिवार के मुखिया से ज्यादा चिन्ता मैनेजर को थी। हर नए आने-जाने वाले यात्री से मैनेजर यही कह रहा था, “देखिए ये परिवार के साथ आए हैं, महिलाओं का मामला है, इन्हें दालान में या बरामदे में तो सुला नहीं सकता। मैं कोशिश में हूँ, आप भी लाइन में लग जाइए। कोई न कोई हल निकालते हैं।” मैनेजर के इस सकारात्मक रुख का मैं कायल हो गया था। रात के साढ़े आठ बज गए तो बारिश भी शुरू हो गई। यात्री अब कमरे के लिए आतुर हो गए। उन्होंने मैनेजर को धमकी देनी शुरू कर दी, “अगर कमरा है तो दीजिए, नहीं तो हम कहीं और तलाश करते हैं।” मैनेजर के चेहरे पर कोई शिकन नहीं थी। शांत भाव से उसने फौन का रिसीवर उठाया और डायल करने लगा।

“भाई साहब, आज एक मदद कर दो। भाई, यात्री लोग आए हैं परिवारों के साथ, तकलीफ नहीं देता, लेकिन महिलाएँ भी साथ में हैं, रात का मामला है, बारिश हो रही है, हाँ, हाँ पैसे की कोई बात नहीं। रात ही तो काटनी है, सवेरे चले जाएँगे। हाँ, पानी, बस गुजारे लायक मिल जाए, मैं भेज रहा हूँ, आपके पास। “चौकीदार”, उसने आवाज दी, ‘लो टार्च लो, साहब लोगों को भगवन निवास में ले जाओ, कह देना मैंने भेजा है। किसी तरह की कठिनाई न हो, घर जैसा माहौल मिलेगा।

भगवन निवास में पहुँच कर पता चला कि वहाँ कमरों में यात्री पहले से अटे पड़े हैं। एक बरामदा, जो खाली था वह बरामदा कम, और रास्ता ज्यादा था। यात्रियों में उसे हथियाने के लिए ही होड़ लग गई। कुछ छत की सीढ़ियों पर चढ़ गए, यह देखे बिना कि बाहर बारिश हो रही है। थोड़ी देर में एक महिला आई, उसके साथ एक व्यक्ति गद्दे लेकर आया और धड़ा-धड़ फर्श पर गद्दे फेंकने लगा। गद्दों के लिए भी मारामारी हो गई। बहरहाल थोड़ी देर में सब शान्त हो गया। लोगों ने शुक्र मनाया कि रात को बारिश में नहीं रहना पड़ा। सुबह चाय पीने मैं जिस खोखे पर गया, वहाँ डालमियाँ धर्मशाला का मैनेजर भी चाय की चुस्कियाँ ले रहा था, इस समय वह लुंगी में था।

“कहाँ से आए हो, बदरी-विशाल की यात्रा है तो बिकट, लेकिन पुण्य भी बहुत है,” वह कह रहा था। तब तक एक महिला आकर उससे झगड़ने लगी। यह महिला कोई और नहीं भगवन निवास की ही मालकिन थी। और

अब दोनों में जिस तरह वाक्‌युद्ध हुआ, उससे यह साफ हो गया कि दोनों परस्पर पति-पत्नी थे, तथा डालमिया का मैनेजर कोई और नहीं, भगवन निवास का ही मालिक था। इसीलिए उसने पहले दिन यात्रियों को शाम अँधेरा होने तक लटकाए रखा। महिला-असुरक्षा का भय दिखाकर वह यात्रियों को अन्यत्र नहीं जाने दे रहा था। रात को फोन पर जिसे वह, "भाई साहब, एक रात की बात है" कह रहा था, वह कोई भाई साहब नहीं बल्कि उसकी पत्नी थी। वस्तुतः बदरी-केदार मंदिर समिति की डालमिया धर्मशाला को वह भगवन निवास के रिसेप्शन की तरह इस्तेमाल करता था। बहरहाल श्रीनगर से मैं उत्तरकाशी निकल गया।

उत्तरकाशी से भागीरथी के किनारे-किनारे हार्सिल होते हुए मैं गंगोत्री पहुँच गया था। हर्सिल उत्तराखण्ड की सबसे खूबसूरत जगहों में से एक है। भागीरथी के बहाव-क्षेत्र में बसा है यह। यहाँ कभी अंग्रेज उद्यमी फ्रेडरिक विल्सन ने सेब का बाग लगाया था। उसने गढ़वाल के राजा से यहाँ के देवदार और चीड़ के जंगलों को पट्‌टे पर लिया और उनका चिरान कर लक्कड़ को गंगा में बहा कर ऋषिकेश- हरिद्वार पहुँचाया, जहाँ से वह इस टिम्बर को रेलवे को बेच देता। पहाड़ से लकड़ी को बहा कर मैदान तक ले जाने की तकनीक यहाँ विल्सन ने ही सिखाई। कहते हैं उसने अपना सिक्का भी चलाया जो न केवल इस क्षेत्र में, बल्कि मैदानों में भी स्वीकार्य था। स्थानीय कमजोर वर्ग की दो बहनों से उसने शादी की। यहाँ के लोग उसे ह्विल सिंह साहब के नाम से जानते थे। आज भी हर्सिल में बगोरी गाँव के बीच वन-विभाग का जो कॉटेज है, उसकी जगह विल्सन का बंगला हुआ करता था, जो कुछ साल हुए, आग लगने से समाप्त हो गया। विल्सन ने इस क्षेत्र का भला किया या, बुरा, वह अच्छा आदमी था या खराब, इस बारे में अलग-अलग राय हैं। लेकिन इतना तय है कि वह बहुत अद्यमी और कर्मठ था। हर्सिल से आगे बढ़ते हुए उसकी उद्यमिता का प्रभाव दिमाग से नहीं जाता। लेकिन गंगोत्री पहुँचते, कर्मठता तब काफूर हो जाती है जब नकली रुद्राक्ष की माला, नकली कस्तूरी और नकली शिलाजीत बेचनेवाले कुछ फकीरनुमा लोग यात्री के पीछे लग जाते हैं। रुद्राक्षों पर साँप और शिवलिंग की आकृति दिखाकर बेचनेवाले उसे विश्व का अप्रतिम रुद्राक्ष कहकर हजारों रुपए का बताते हैं और मोलभाव करने पर एक सौ आठ रुद्राक्षों की माला

पच्चीस रुपए में ही बेचने को तैयार हो जाते हैं। एक महिला जो मर्दाने स्टाइल की धोती पहने थी, महाराष्ट्र की लग रही थी। उसके नाक की छोटी नथ, और टाँगों के नीचे से धोती निकल कर जिस तरह पीठ में खुँसी थी वह शिवाजी के समय की मरहठा महिलाओं की याद दिला रही थी। उसके कंधे में एक थैला था और हाथ में टेबल टेनिस की बॉल से थोड़ी बड़ी गोल वस्तु थी, जिसके बाहर का आवरण पशु की खाल जैसा था। वह इसे कस्तूरा-मृग की कस्तूरी ग्रंथि बता रही थी। इससे खुशबू भी आ रही थी।

"कितने की दे रही हो?"

"तीन सौ रुपए।"

"कोई कस्तूरी भूरी और कोई काली क्यों है?"

"काली नर की और भूरी मादा की है।"

उसने सपाट जवाब दिया। शायद उसे नहीं मालूम था कि कस्तूरी गाँठ नर में ही होती है, मादा में नहीं।

"बेचनेवाली बात करो।"

"पचास दे दो।"

"पाँच रुपए दूँगा।"

"रहने दो।"

मैं थोड़ा आगे बढ़ा तो उसने आवाज दी, "ले जाओ साहब।"

मैंने दो ले ली। अब शिलाजीतवाले की बारी थी। वह पॉलीथीन की थैलियाँ हाथ में लिए घूम रहा था। थैलियों में काली लाख के जैसे टुकड़े रखे थे।

"कैसे दे रहे हो ?"

"पाँच सौ रुपए तोला।"

"क्या काम आएगा ये ?"

"जवानी आती है साहब," कहकर वह हँसने लगा।

"गंगोत्री में भगवान के दरबार में जवानी का क्या काम?"

"जवानी तो अच्छा होता है साहब।" कहते हुए वह बगल से गुजरनेवाले को भी रोकने लगा।

"कहाँ से लाते हो ये शिलाजीत?"

"पहाड़ों से।"

"किन पहाड़ों से?"

"ऊपर हिमालय से।"

"हिमालय में तो तुम खड़े हो, फिर कहाँ से लाते हो?"

"ये अग्नितापी है साहब, ये सूर्यतापी शिलाजीत नहीं है।" उसने मुझे कनफ्यूज करने की कोशिश की।

"शोधन कैसे करते हो?" मैंने भी तुरुप चला।

"हमें क्या मालूम है साहब, ये तो हरिद्वारवाला लाला बताएगा। वही देता है हमें ये सब बेचने के लिए।" उसने लगभग हथियार डाल दिए।

धार्मिक क्षेत्र में नकली सामान की बिक्री देखकर मुझे कोफ्त हो गई। बहरहाल गंगोत्री मंदिर में जाकर पूजा-अर्चना की, पंडा पुरोहित को दान देकर लौटा तो देखा सड़क की रेलिंग पर एक कौआ बैठा था जिसकी चोंच पीली थी। निचाई वाले और मैदानी इलाकों के लिए यह कौआ अजनबी था। किसी ने बताया कि यह चीन देश का कौआ है जो यहाँ उड़कर चला आता है। मै उसकी तस्वीर लेने लगा तो रेलिंग से पीठ टिकाए एक भिखारी ने मुझे टोक दिया, "फिरी में बीडियो फिलम बनाएगा, कुछ दान कर।"

"तू भी तो मुफ्त में यहाँ बैठा है, किराया देता है इसका?"

लेकिन वह भी हार माननेवाला नहीं था, "कुछ देगा, तभी तो फोटो लेगा।"

मैने उसके साथ जिरह कर समय बरबाद नहीं किया और आगे बढ़ गया। आगे जटा और दाढ़ी बढ़ाए एक व्यक्ति रुद्राक्ष की माला, शिलाजीत और कई अन्य चीजें बेच रहा था। उसके सामने एक पत्थर रखा था, सो उस पर मैं बैठ गया, "भैय्या जितना समय तुम इन नकली चीजों को बेचने में लगाते हो, उतना कोई और काम कर लिया करो, कम से कम तसल्ली तो रहेगी कि मैंने कुछ किया है, जिससे देश-समाज को फायदा हुआ।"

"मंदिर होकर आ गए?" उसने मुझ पर नजरें गड़ाते हुए पूछा।

"हाँ।" मैंने भी उतनी ही दृढ़ता से जवाब दिया।

"वहाँ जो पूजा-पाठ की, वह भी काम था। जो गाड़ी-मोटर में इतना पेट्रोल-डीजल फूँक आए हो, वह भी काम था। वह जो मूरत के पास बैठा पूजा-संकल्प करा रहा था, पहुँचा दिया उसने तुम्हें भगवान के पास। उसे अपने कल का भी पता है जो तुम्हारा भविष्य सुधारेगा। वो जो गोमुख,

भोजबासा में बैठे हैं जोगी-जगम, पा लिया उन्होंने भगवान को? जो लोग गंगा जी के ठंडे पानी में नहा रहे हैं, धो लिए उन्होंने अपने पाप? लेकिन सब अपना-अपना काम कर रहे हैं। जाकर बोलो पंडों से कोई काम करो, असली काम।" यह कहकर उसने जेब से चिलम निकाल ली।

"तुम्हारा माल भले ही नकली हो, लेकिन तुम असली हो मेरे दोस्त।" मैंने कहा। इतना ज्ञान वह बिना चिलम पिए दे चुका था, चिलम पीकर तो जाने कितना देता। वह मुझे आवाज देता रहा, मैं वापसी यात्रा पर निकल पड़ा था।

कीड़ा-जड़ी की खोज में

उत्तराखण्ड के पहाड़ों से हर साल कितनी जड़ी-बूटी तस्करी होकर बाहर जाती रही है, नहीं मालूम। लेकिन एक जड़ी यार्सागम्बो की बढ़ती तस्करी और इसकी कीमत के आसमान छूने की खबर जब आई, तो मैंने सोचा कभी ऊँचाईवाले बुग्यालों की तरफ जाऊँगा और पता लगाऊँगा कि यह बूटी होती कैसी है और इसमें ऐसा क्या है कि बूढ़े को जवान बना देती है? इधर-उधर पूछा तो पता चला कि इसे कीड़ा-जड़ी के नाम से ज्यादा जाना जाता है। यह एक तरह का फंगस है, यह भी पता चला कि यह तस्करी होकर चीन जाती है। वहाँ इससे मर्दानगी बढ़ाने वाली दवा बनती है। लेकिन मेरी रुचि इस कीड़ा-जड़ी में तब और बढ़ गई, जब चीन ने बीजिंग ओलम्पिक में अमरीका को भी पीछे छोड़कर सबको अचरज में डाल दिया। कहीं ऐसा तो नहीं यह सब कीड़ा-जड़ी का कमाल हो। हो सकता है कि इसे खाने के बावजूद खिलाड़ी का डोप टेस्ट पॉजीटिव न आता हो और यह पता न चलता हो कि खिलाड़ी ने ताकत बढ़ाने की दवा खाई है।

मैंने रकसैक उठाया और शाम होते थराली पहुँच गया। वहाँ मेरी मुलाकात घेस गाँव के बलवन्त सिंह बिष्ट से हो गई। घेस गाँव, जिसके बारे में कहते हैं, 'घेस के आगे देस नहीं।' इसके बाद निर्जन क्षेत्र शुरू हो जाता है। यहाँ कुछ ऊँचाई के बाद पेड़ भी नहीं मिलते और केवल बुग्गीदार घासवाली ढाल हैं, जिन्हें बुग्याल कहते हैं। आगे हिमरेखा है, जिसके ऊपर

की तरफ हमेशा बर्फ जमी रहती है। बस, इस हिमरेखा के आस-पास ही कीड़ा-जड़ी मिलती है, वह भी साल में एक-दो महीना।

थराली से आगे बढ़ने की बजाय हमने वहीं रुकना ठीक समझा। अलाव की व्यवस्था थी ही, हम गपशप करने लगे। बात-बात में पता चला कि बलवन्त सिंह ग्यारह महीने चीन में युद्धबन्दी रह चुके हैं। युद्धबन्दी और वह भी चीन में। रात का समय हो, थराली में बैठे हों, अलाव जला हो, किस्सा सुनाने वाले बलवन्त सिंह हों और हुंकारा भरने वाले मुझ जैसे चार लोग हों, तो क्या कहने। बलवन्त सिंह ने सुनाना शुरू किया...

सत्रह नवम्बर, 1962, की बात है, नेफा बार्डर की जिसे अरुणाचल कहते हैं। शक्ति नदी के पार से फायर शुरू हुआ। हमने भी फायर शुरू किया। शक्ति पोस्ट पर अल्फा कम्पनी थी। हम करीब एक हफ्ते से शक्ति पोस्ट पर थे, जो तवांग के ऊपर है। हम में से हर जवान के पास एक थ्री नॉट थ्री राइफल थी। दो इंच की तीन मोर्टार और तीन इंच की दो मोर्टार थी, एक बम फेंकनेवाला आर.सी.एल. था। फायर करते-करते तीन-चार दिन में हमारा अम्युनिशन समाप्त हो गया। पीछे से सप्लाई नहीं मिली। तभी हमें आदेश मिला कि पीछे शीला पहाड़ी पार कर वापस आ जाओ और भारी सामान नष्ट कर दो। हमने भारी सामान तवांग के बंगले में जमा किया और बंगला समेत पेट्रोल-मिट्टी तेल डालकर जला दिया। उस इलाके में ग्रामीण बौद्ध धर्म के माननेवाले थे। वे भी हमारे साथ वापस लौटने लगे। जंक नदी के पुल के ऊपर हमारी अल्फा कम्पनी ने डिफेंस बाँधा। हमारे कमांडर मेजर एच.बी. राय, जो गोरखा थे, हमारा नेतृत्व कर रहे थे। वहाँ भी आकर चीन ने हम पर हमला कर दिया। हमने पीछे कवरिंग फायर के लिए अनुरोध किया। कवरिंग फायर आने पर पोस्ट के ऊपर जितने भी चीनी घूम रहे थे वे मारे गए। इसमें करीब नौ सौ चीनियों की मौत हुई। हमारी कम्पनी का लांस नायक त्रिलोक सिंह भी यहाँ काम आया। मेरे साथ सिपाही यशवंत सिंह भी था जिसे मरणोपरांत परमवीर चक्र मिला। हमने त्रिलोक सिंह के शव को तो जला दिया, लेकिन यशवंत सिंह के शव को जलाने का समय नहीं मिला। हम उसके शव को सड़क पर ही छोड़ आए। हमें आदेश मिला था कि जितनी जल्दी हो सके पीछे आ जाएँ। हमने अपनी-अपनी राइफल की मेग्ज़ीन, बोल्ट आदि हिस्से अलग-अलग कर, इधर-उधर फेंक दिए और

पीछे की तरफ भागने लगे। कुछ देर में ही हम शीला दर्रे की चढ़ाई पर थे। यहाँ ड्रापिंग ग्राउंड था। यहाँ से आगे पिकेट के लिए सप्लाई होती थी। इस दर्रे पर रात को राशन और गोली-बारूद हेलीकाप्टर से फेंका जाता था। लेकिन इस बार यहाँ दुश्मन का एम्बुश लगा था। सड़क पतली थी जो एक घाटी से गुजरती थी।

रात को जब हम आगे बढ़ रहे थे उस समय दोनों तरफ लगे एम्बुशों से फायर खुला हुआ था। मेरे गाँव का मानसिंह और मैं हाथ पकड़े आगे बढ़ रहे थे, यह सोचकर कि मरेंगे तो साथ और बचेंगे तो साथ। ज्यों ही हम एम्बुश के पास पहुँचे फायर का एक झोंका आया। यहाँ लाशों का ढेर लगा था और हम शवों के ऊपर से दौड़ रहे थे। इस भागम-भाग में मानसिंह का हाथ छूट गया और हम बिछुड़ गए। चीनी अपनी भाषा में शोर मचा रहे थे और लाइट फायर कर रहे थे। लाइट फायर में तीन बत्तियाँ साथ जलती हैं, जिससे आस-पास दिखाई देने लगता है और तब सटीक निशाना लगाया जा सकता है। भारतीय भी चिल्ला रहे थे। यहाँ हमारी पूरी ब्रिगेड के सैनिक भागते हुए दिखाई दिए जिसमें सिखलाई, असम राइफल आदि के सैनिक भी थे। दुश्मन एक राउंड पक्का और दूसरा ट्रेसर राउंड फायर कर रहा था। हमने जब शीला पहाड़ी पार की, रात नहीं खुली थी। नवम्बर की बात है, रातें लम्बी थीं। हम आगे बढ़े तो देखा ब्रिगेडियर होशियार सिंह साहब ने कुछ आदमी जमा किए थे। थोड़ा धूप निकल आई थी। सैनिक अपने-अपने ग्रुप में यूनिटवार जमा थे। सिखलाई, असम राइफल, डोगरा, गोरखा पल्टन की जी.आर. यूनिट वगैरह। असम राइफल के लोग जो सीमा पर अपने परिवारों के साथ गए थे, बच्चों को वहीं छोड़ खुद वापसी यात्रा पर थे। हम किसी तरह एम्बुश से पार हो गए। यह लम्बा-चौड़ा बुग्याल का क्षेत्र था। नीचे की तरफ फायरिंग की आवाज आ रही थी। यह पक्का एम्बुश था। अब हम नूरानांग में थे। हमने जब ब्रिगेडियर होशियार सिंह साहब से पूछा कि आगे जो आवाज आ रही है वह भी एम्बुश की है या कुछ और तो उन्होंने हमारी हिम्मत बढ़ाने के लिए कहा, "नहीं हमारे कुछ नए हथियार आए हैं, उनकी टेस्टिंग चल रही है।" हम ठंड से काँप रहे थे। मेरे हाथ पर 'एच.एम.टी जवान' सरकारी घड़ी थी, जो उन दिनों वायरलैस आपरेटर, सैक्शन कमांडर, प्लाटून कमांडर, कम्पनी कमांडर और कमाडिंग

ऑफिसर यानी सी.ओ. के हाथ पर होती थी। तब सी.ओ. लेफ्टिनेंट कर्नल होता था।

ब्रिगेडियर होशियार सिंह साहब ने वहाँ पर लेक्चर दिया। फोर्थ गढ़वाल के ग्यारह सौ लोगों में से सत्तानवें रह गए थे। हमारी 'बी' कम्पनी पेट्रोलिंग में भटक कर भूटान पहुँच गई थी, उसमें मेरे मामा हवलदार उमराव सिंह भी थे। भूटान सरकार ने उनके हथियार जमा कर भारत सरकार को खबर कर दी थी। वे सभी बच गए।

होशियार सिंह साहब ने हाथ का पंजा दिखाकर कर कहा हम सड़क को छोड़कर नव्वे डिग्री पर जंगलों पर चलेंगे। लीड फोर्थ गढ़वाल करेगी। उसके बाद मेरा हेडक्वार्टर (मैं और मेरा प्रोटेक्शन)। उसके बाद ब्रिगेडियर साहब ने और यूनिटों का नाम लिया। धूप सेक कर हम ब्रिगेड कमांडर के आदेश से खाली हाथ पीछे के लिए चल दिए। आगे फिर चीनी एम्बुश था। ब्रिगेडियर होशियार सिंह साहब, फोर्थ गढ़वाल के डा. गोस्वामी, हमारे कमाडिंग आफिसर लेफ्टिनेंट कर्नल बी.एम भट्टाचार्य साहब, मेजर एच.बी. राय, मेजर एम.एल. तुली साहब और ब्रिगेड के सारे जवान साथ थे। हमारे साथ मजदूर और पोर्टर भी थे। एम्बुश से एक गोली आकर ब्रिगेडियर होशियार सिंह साहब को लगी, वे जख्मी होकर गिर पड़े। उन्होंने अपनी कमर से रिवॉल्वर निकाली और अपनी कनपटी पर रखकर फायर कर दिया और दम तोड़ दिया। वहीं पर डा. लेफ्टिनेंट गोस्वामी को भी गोली लगी और वे भी वहीं पर शहीद हो गए। हम झाड़ियों से छिपकर देख रहे थे। लेफ्टिनेंट कर्नल बी.एम. भट्टाचार्य साहब की आवाज आई, "अपनी-अपनी जान बचाओ और जैसे बच सकते हो बचो।" ब्रिगेडियर होशियार सिंह साहब के दम तोड़ते ही हमने देखा, कुछ चीनी सैनिक आए उन्होंने पाँव से उनके शरीर को हिलाया-डुलाया यह इतमीनान करने के लिए कि उनमें जान बाकी नहीं है। हम लोग धीरे-धीरे आगे बढ़ते रहे। हमारे कर्नल भट्टाचार्य, मेजर एच. बी. राय और मेजर तुली साहब हमारे आगे-आगे थे और हम पीछे-पीछे। दो-तीन किलोमीटर जंगल पार करने के बाद हम फिर एम्बुश में फँस गए। चीन का बर्स्ट आया और हमने पोजीशन ली।

हमारे पास कोई हथियार नहीं था। अफसर काफी आगे थे जिन्होंने अपनी पिस्तौलों से पोजीशन ली थी, लेकिन चीनियों ने उन्हें घेरकर पकड़

लिया। हमारे अफसर वहाँ कैद हो गए। उसी ग्रुप के कुछ सैनिक फायरिंग से शहीद हो गए। हमारे ग्रुप में दस-पन्द्रह लोग थे और हमने दूसरी पहाड़ी की तरफ रुख किया। वहाँ हमारे ग्रुप में आदिबदरी का रहनेवाला हवलदार राम सिंह था, जो हमारा नेतृत्व करने लगा। रात का समय था, चीनियों के एक और एम्बुश से सामना हुआ। हवलदार राम सिंह हम में सयाने थे और उनकी जेब में एक ग्रेनेड था। सामने चीन का मोर्चा था, जिसपर चार इंच मोर्टार लगी थी और संतरी सोया हुआ था। हवलदार राम सिंह ने हमको पीछे बैठा दिया और खुद ग्रेनेड लेकर, दबे पाँव मोर्चे तक पहुँचे और मोर्चे पर ग्रेनेड डाल दिया, ग्रेनेड फट गया। लेकिन तुरंत ही चीनियों के ग्रुप ने आकर हवलदार राम सिंह को घेर कर पकड़ लिया। हमारे ऊपर एल.एम.जी. और एम.एम.जी. की फायर खुली और हमारे कुछ साथी घायल हो गए। हवलदार राम सिंह पकड़े गए। चीनियों ने लाइट फायर खोला जो दो मिनट तक आसमान में रोशनी देता है।

हमारा ग्रुप तितर-बितर हो गया था। कितने मरे और कितने पकड़े गए, यह पता नहीं चला। हम चार लोग रास्ता भटक गए। हम में उत्तराखंड के जिला चमोली के सवाड़ गाँव के नारायण सिंह खत्री, हरमनी धार गाँव के माधव सिंह, पायनियर का फारुखी और मैं, हम चार लोग थे। पहले एम्बुश से ही हमारे पास भोजन, हथियार कुछ नहीं था और हम खाली हाथ थे। हमें दिशा का भी ज्ञान नहीं हो रहा था। यह भी नहीं मालूम पड़ रहा था कि अपने देश की तरफ बढ़ रहे हैं या चीन की तरफ। सत्रह दिन चलते-चलते हो गए थे और हमने खाना नहीं खाया था। हम मुलायम जंगली घास खाकर जिंदा थे। उस बुग्याल में बुराँस जैसे पेड़ 'चिमूल' की कोमल पत्तियाँ हम काली हिंसोल के साथ खा रहे थे, जो वहाँ सर्दियों में पकती है। वहाँ रागा, रिंगाल, खरसू और बुराँस आदि वृक्ष थे। हवलदार नारायण सिंह पर बम के छीटें लगे थे और उसके बाएँ हाथ से ज्यादा खून न बहे इसलिए हमने उस हाथ को उसके बदन से बाँध दिया था। उसका खून सूख कर शरीर से चिपक गया था। रात को ही हम ज्यादा चलते थे ताकि चीनी देख न सके। एक दिन एक तीखी ढाल पर हम घास को पकड़-पकड़ कर आगे बढ़ रहे थे कि नारायण सिंह के हाथ से घास का गुच्छा छूटा और वह गहरी खाई में जा गिरा। हम उसके पास गए तो देखा वह आखिरी साँस ले रहा

था। उसने ताकत लगाकर कुछ कहना चाहा, "मुझे खत्म कर दो, मेरे घर बता देना कि मेरा क्रियाकर्म सही ढंग से कर दिया गया है।" लेकिन उसे मारने की हिम्मत हम में नहीं थी। जब धूप आई तो हम उसे उठाकर पीठ पर लादे धूप में ले गए। नारायण सिंह हमारे पड़ोसी गाँव सवाड़ का था और रिश्ते में मेरा चाचा लगता था। उन्होंने पानी माँगा लेकिन पानी आस-पास नहीं था। मैं पानी को ढूँढ़ने दूर एक नाले तक गया, जहाँ पानी दिख गया, लेकिन मेरे पास बर्तन नहीं था।

मैंने अपने बूट खोले, उनमें पानी भरा और चाचा नारायण सिंह तक ले आया। हमने उन्हें पानी पिलाया। धूप सेंकने और पानी पीने के बाद उनमें कुछ जान आ गई। रात को हम नारायण सिंह को पकड़-पकड़ ले जाते। फर्न जैसी घास 'उन्याणा' को हम कुछ नीचे बिछाते और कुछ अपने ऊपर वैसे ही रख लेते जैसे जंगली सुअर रखता है। फिर भी हम ठंड से मरे जा रहे थे। हम चलते-चलते ऐसी जगह पहुँचे, जहाँ एक-डेढ़ फीट मोटी बर्फ थी। वहाँ बर्फ के ऊपर कोई निशान नहीं था और बर्फ साफ थी। स्पष्ट था कि वहाँ आदमजात के पाँव नहीं पड़े थे और इस तरह अब हमें चीनियों का डर नहीं था। लेकिन हमारा अनुमान गलत निकला। हम एक पहाड़ी धार की तरफ बढ़ रहे थे कि तभी अपने देश वापस लौट रहे चीनियों ने दूरबीन से हमें देख लिया। उन्होंने हमें अपनी तरफ आने दिया। बाद में हमें पता चला कि हमें निहत्थे आते देख उन्होंने वहीं ब्रेक ले लिया और खाना वगैरह बनाना शुरू किया। जब हम ढाल में पहुँचे तो हर एक पर दो-दो, तीन-तीन संगीनें सटा दी गई थीं। करीब पाँच-सात मिनट तक संगीनें हम पर टिकी रहीं। उसके बाद हिन्दी जाननेवाला एक अफसर आया। उसने संगीनधारी सैनिकों को एक तरफ किया और हम चारों को बर्फ में बिठा दिया। उन्होंने हमें एक-एक मग बिना दूध की नमकीन चाय दी। ये मग हमारी भारतीय फौज के मगों के मुकाबले छोटे थे। उन्होंने हमें दो-दो बिस्कुट भी खाने को दिए। हिन्दी जाननेवाले अफसर ने हमारी फौज और हमारी यूनिट के बारे में पूछा। हम कई दिन पहले ही सलाह कर चुके थे कि अगर चीनियों ने हमें पकड़ लिया तो हम स्वयं को पोर्टर बताएँगे, हमने ऐसा ही किया। हिन्दीवाले अफसर ने अपने कुछ जवानों को बुलाया और दो-दो, तीन-तीन चीनी सैनिकों ने हमारी हथेलियाँ, कान, नाक, पाँव को मसल कर हमें गर्म करना शुरू

किया। हमें थोड़ी दूरी पर बर्फ के ऊपर स्नोकोट बिछाकर उस पर बिठा दिया गया। वे दुबारा चाय ले आए। उन्होंने हमारी तलाशी ली। हवलदार नारायण सिंह की जेब से एक ब्लेड निकला। चीनियों के ग्रुप का बड़ा अफसर और हिन्दी जाननेवाला अधिकारी हमारे पास आए। बड़ा अफसर हिन्दीवाले से बोल रहा था और हिन्दीवाला उसका अनुवाद कर रहा था। उन्होंने कहा कि लड़ाई खत्म हुए काफी दिन हो गए हैं और वे अपने देश लौट रहे हैं। अब किसी को पकड़ना या मारना उनका काम नहीं है। उन्होंने कहा, "हम तुम्हें न तो पकड़ेंगे और न मारेंगे। हमारा साहब पूछ रहा है कि तुम कहाँ जाओगे। यहाँ से तुम्हारे देश पहुँचने का साधन नहीं है। तुम बर्फ में चलते-चलते मर जाओगे। इसलिए हमारे साथ चलो। हमारे पास हिन्दुस्तान के और भी कैदी हैं। हम तुम्हें उनके पास पहुँचा देते हैं, तब तुम अपने देश चले जाना।" उनके बड़े अफसर ने अपनी जेब से सिगरेट निकाला और इशारे से हमें पूछा कि क्या हम सिगरेट पीना पसंद करेंगे? हमने सिर हिलाकर 'हाँ' में जवाब दिया। उसने अपने हाथ से ही सिगरेट हमारे मुँह से लगा दी। हालाँकि हमारे हाथ खुले थे फिर भी माचिस भी उसने खुद जलाई। इसके बाद उन्होंने हमें सत्तू और बिस्कुट खाने को दिए। उनके पास अपने लिए भी यही राशन था। फिर, उन्होंने चौदह-पन्द्रह याकों में सामान लादा। वह सारा ग्रुप हमारे आगे-आगे चला और तीन संतरियों के साथ हमें पीछे-पीछे आने को कहा गया। संतरियों को हमारे लिए सिगरेट और बिस्कुट दिए हुए थे। हमें समझाया गया कि जब जरूरत पड़े हम सिगरेट आदि ले लें। संतरियों को भी उन्होंने कुछ समझाया। हम चारों भारतीय सैनिक ऐसे चल रहे थे जैसे हम अस्सी साल के बूढ़े और कई साल से बीमार हों। संतरी हमें बैठाकर आराम करने के लिए जा रहे थे। रात को आश्रय के लिए कोई गुफा ढूंढ़ी जाती। हमारे पहुँचने से पहले आगे का ग्रुप गुफा में सामान आदि रख देता और आग जलाकर चाय-खाना बना रहा होता। इस ग्रुप का मार्ग-दर्शन लामा लोग कर रहे होते। ये लामा रास्ते में पहचान के लिए रखे गए पत्थरों के सहारे रास्ते का पता लगाते और आगे बढ़ते। गुफा के अन्दर जो सबसे अच्छी जगह होती, यानी जहाँ पर गर्म स्थान होता वहाँ हमें रखा जाता। इस प्रकार चलते तीन दिन हो गए थे। हमें लगने लगा था कि अब हमें मारा नहीं जाएगा। हम आपस में बातें भी करते कि अगर मारना होता तो हमारी

इतनी हिफाजत नहीं की जाती। चौथे दिन उन्हें रात को रहने के लिए जगह नहीं मिली, वे एक-दूसरे को आवाजें दे रहे थे। उनके पास टार्च थे। हमें रात को एक पत्थर के ऊपर बिठा दिया गया और संतरी हमें छोड़ कर चले गए। हमें आश्चर्य होने लगा। शायद सोच रहे हों इन्हें कहाँ ले जाएँ, इन्हें गोली मार दी जाए। हम चारों हिन्दुस्तानी सैनिक आपस में सटकर बैठ गए ताकि एक ही बर्स्ट में मर जाएँ। हम इसलिए डर गए थे कि संतरियों का हमें छोड़कर जाना फौजी नियमों के खिलाफ था। करीब एक घंटे बाद एक आदमी टार्च लेकर हमें लेने आया।

उस रात वे लोग भी एक जगह नहीं, बल्कि दो-दो, चार-चार के ग्रुप में रुके हुए थे। छठे दिन हम पैदल चलकर उनके एक बड़े कैम्प 'छोना' पहुँचे। जो सैनिक हमें लेकर आए थे उन्होंने हमें वहाँ सौंप दिया और स्वयं कहीं चले गए। 'छोना' कैम्प में काफी लोग थे। वहाँ आफिस में वायरलैस ड्यूटी पर और टेलीफोन एक्सचेंज में ज्यादातर महिलाएँ थीं। यह पक्की दीवारोंवाला मजबूत शिविर था। हमें एक कमरे में रख दिया गया। हमारे साथ दूसरे संतरी तैनात हो गए। हिन्दी जाननेवाली करीब पच्चीस-तीस साल की एक लड़की हमारी इंचार्ज के रूप में आई। वह हमें पाँच-दस मिनट तक देखती रही। वह संतरियों से चीनी भाषा में बात कर रही थी। लड़की ने हमारा नाम पूछा। हमारे घर, भाई-बहन आदि के बारे में पूछा। वह हम हिन्दुस्तानियों की तरह हिन्दी बोल रही थी। उसने बताया कि वह हिन्दुस्तान में कलकत्ता में रही है। उसकी पढ़ाई कलकत्ता में हुई है। उसने कलकत्ता के कई बाजारों के नाम लिए। उसने कहा, "जब तक मैं यहाँ हूँ तुम्हें कोई कमी नहीं होगी। जब तक हमारी कानबाय आती है, तब तक तुम यहाँ रहोगे और कानबाय आने पर तुम्हें दूसरे कैम्प में भेजा जाएगा। तब तुम अपने देश लौटोगे।" हममें कुछ आस जगी। वह हमारे लिए एक-एक जोड़ी जूते, मोजे और तौलिये लेकर आई। वह सिगरेट के पैकेट, चाकलेट और सेब भी लाई। उसने कहाँ कि संतरी अगर परेशान करें तो मुझे बताना। उसने संतरियों को भी समझाया। कुल मिलाकर वह हमसे ऐसे पेश आई जैसे हम उसके अपने हों। इसके बाद जब तक हम वहाँ रहे, वह चीनियों के खाने से पहले हमें खाना खिलाने ले जाती। खाने में चावल और मटर की दाल मिलती थी। हम हाथ से खाते थे, जबकि चीनी दो लकड़ियों से। हमें एक-एक

रजाई-गद्दा मिला था। वह लड़की हमें रात को पिक्चर दिखाने ले जाती, जहाँ वह हमारी बगल में बैठती थी। वहाँ रात को रोज चीनी पिक्चर चलती थी। वह कहती तुम्हें नींद आएगी तो मुझे बता देना, मैं तुम्हें सुलाने ले जाऊँगी। सिनेमाहाल में लकड़ी के बैंच लगे थे। हम रजाई ओढ़कर फिल्म देखते, जो कपड़े के पर्दे पर चलती थी। बोर होने पर हम लड़की की तरफ देखते। वह पूछती, 'चलें?' हाँ में जवाब मिलने पर वह उठ खड़ी होती। हम पीछे-पीछे चल पड़ते। आठ-दस दिन बाद राशन लेकर कानबाय आई। कानबाय की वापसी में उसके साथ हमें भेजा गया। तीन संतरी और एक इंचार्ज साथ थे। हम दिन में करीब ग्यारह बजे कानबाय में बैठे और पूरा दिन व पूरी रात सफर करने के बाद सुबह चार बजे दिसम्बर की किसी तारीख को हम ल्हासा कैम्प में पहुँचे। ट्रक से उतरने के दो सौ मीटर बाद कैम्प का द्वार था। यह एक किला था। ताँबे के विशालकाय दरवाजे थे, जो नीचे गरारी के सहारे पटरी पर घूमते हुए खुलते-बन्द होते थे। संतरियों ने बेल बजाई और अपनी भाषा में बात की तो अंदर के संतरी ने गेट खोल दिया। वे हमें अन्दर ले गए। वहाँ एम.आई. रूम में डाक्टर के पास हमें बिठा दिया गया। डाक्टर ने हमें चाय पिलाई और एक-एक टैबलेट खाने को दी। फिर कागजात बने। हवलदार नारायण सिंह के बदन पर कपड़े खून से चिपके हुए थे और हाथ बदन से बँधा था। डाक्टर ने नारायण सिंह को अपने पास बुलाया और हेल्पर ने गरम पानी से उसकी कमीज भिगाई व कपड़े उतारे। जहाँ बम के छींटें लगे थे, वहाँ धुलाई कर घावों को साफ किया, फिर पट्टी की। यह सुबह तड़के की बात है। नारायण सिंह के लिए नई कमीज, बनियान लाए गए। हमारे लिए रजाई-गद्दा, स्नो-कोट, स्नो-पैंट, आदि इशू किया गया। हमसे पहले पकड़े गए लोगों को यहाँ एक महीने से ज्यादा हो गए थे। हमारे इंचार्ज को हल्की-फुल्की हिन्दी समझ आने लगी थी और वह हम लोगों को 'चलो', 'खाओ', 'उठो' आदि बोलने लगा था। हमने अपने-अपने कपड़ों के गट्ठे सिर में रखे, और हमें एक वार्ड में ले जाया गया। अलग-अलग ग्रुप में से एक-एक आदमी को इंचार्ज बनाया गया, जिसे 'नेता' कहा जाता था। जो हमें वार्ड के दरवाजे तक ले गया उसने 'नेता'-'नेता' कहकर पुकारा। अंदर से लोगों की आवाज आ रही थी जो हिन्दी में उसे गाली दे रहे थे। यह गाली सुनकर हमारे कान खुल गए और

हमारी खुशी का ठिकाना नहीं रहा। वहाँ हम से पहले कैद हुए हमारे लोग थे, जो जमीन पर लेटे थे। पूछने लगे कौन सी यूनिट के हो, कहाँ पकड़े गए? हम जल्दी ही हिल-मिल गए। लेकिन खाना यहाँ भी जौ का सत्तू ही मिल रहा था। कुछ दिन बाद वह राशन आई जो हमें अपने देश में मिलती थी। अब हमें आटा, चावल, दाल, सब्जी सब मिलने लगी। चीनी सरकार ने हमको पूरे बर्तन और राशन इशू कर दी थी और हमारा लंगर अलग लगने लगा। जलावन के लिए लामा लोग 'बेल' का हरा पेड़ काटकर खच्चरों में लाते थे। इस पेड़ में इतना तेल होता था कि वह कच्चा ही जल जाता था। बिस्तर के नीचे बिछाने के लिए हमारे पास धान का पुआल और मंडुवे का नल्यो था।

हर रोज एक घंटा ग्राउंड में समूहवार बहस होती। बहस का विषय चीनी सैनिक देते। विषय, जैसे "इस लड़ाई में गोली पहले किसने चलाई?", "असली सीमा रेखा कहाँ है?", "चीन सरकार का व्यवहार हमारे साथ कैसा रहा?" हमें पाँच-पाँच, छह-छह किताबें भी दी गईं, जिनमें सीमा-रेखा का नक्शा भी था। हर चार आदमियों को एक ताश की गड्डी मिली। लूडो खेल का सामान भी दिया गया। भारत की तरह हमारे कम्पनी, प्लाटून और सेक्शन बनाए गए थे। आपस में खेल प्रतियोगिताएँ होतीं। बॉलीबाल, फुटबाल, दौड़ और कबड्डी के खेल होते। कम्पनियों के बीच प्रतियोगिता के बाद पुरस्कार चीनी कैम्प कमांडर बाँटता। पुरस्कारों में थर्मस, पैन, मनी-बैग आदि होते। हर शाम रिपोर्ट देनी होती कि सबने खाना खा लिया है और सब आराम से सो गए हैं। सुबह भी रिपोर्ट में बताना पड़ता कि रात को किसी को तकलीफ नहीं हुई और सब आराम से सोए रहे। इस बीच एक कैदी की पीलिया से मौत हो गई। उसके शव को भारतीय रेड क्रास को सौंपा गया। हमारे लिए चिट्ठी-पत्री व टेलीग्राम की व्यवस्था थी। उन्होंने हमें चिट्ठी लिखने के लिए लिफाफे दिए। लेकिन हमें उनकी इस उदारता पर भरोसा नहीं आया। कुछ ने चिट्ठियाँ लिखीं और कुछ ने नहीं। जिन्होंने लिखीं, उन्हें लिफाफे बंद करने की अनुमति नहीं थी और इन्हें खुले ही चीनियों के सुपुर्द करना था। जब कुछ लोगों की चिट्ठियों के जवाब आ गए तो हमें भरोसा हुआ। मेरा भाई गाँव में पोस्टमास्टर था। उसने शायद मेरा पता आस-पास के उन सभी परिचितों को दे दिया जो मुझे शहीद हुआ

मान चुके थे। यही वजह थी कि मेरे नाम एक साथ पन्द्रह चिट्ठियाँ पहुँचीं। एक साथ इतनी चिट्ठियाँ देख कैम्प कमांडर ने जाँच बैठा दी। दुभाषिये के साथ मुझे बुलाया गया और मेरा बयान दर्ज किया गया। मुझे पूछा गया कि क्या मेरी फैक्टरी चलती है?, क्या मेरे घरवालों के ट्रक चलते हैं? हमारा परिवार कितना बड़ा है? मैंने बताया कि हम पहाड़ी लोग हैं, थोड़ी-बहुत खेती है। मेरा भाई पोस्टमास्टर है। उसने सबको पता दे दिया होगा इसलिए मेरे लिए इतने सारे पत्र आए हैं।

हर सोमवार को मैस मीटिंग होती। पिछले हफ्ते के खाने की कमी बताई जाती। हमने मांस की माँग की। एक डेढ़ महीने बाद मरे बकरे हमारे लिए आए जिनकी खाल और पेट के अन्दर का हिस्सा निकला हुआ था, लेकिन सिर, पाँव और पूँछ साबुत थी। मांस का ट्रक हमारे शिविर से नीचे की ओर आकर खड़ा हुआ। एक चीनी जो हिन्दी जानता था वह चिल्लाया, “मीट आ गया।” तीस चालीस बकरे आए थे। चीनियों के साथ हमारे साथी भी बकरों को ट्रक से नीचे उतारने लगे। बकरों की कुछ परत के बाद उन्होंने पाया कि उनके नीचे यार्क यानी चँवर-गाय का मांस था। चँवर गाय को देखते ही हमारे साथी नारे लगाने लगे कि हमारे बकरे चंवर गाय के साथ क्यों रखे गए हैं और हम ये बकरे नहीं खाएँगे। कैम्प कमांडर ने समझाने की कोशिश की कि यह मांस मुश्किल से मँगाया गया है। लेकिन इस बात का हमारे लोगों पर कोई असर नहीं हुआ। बकरे वापस कर दिए गए। हमें पूछा गया कि हम किस तरह के बकरे चाहते हैं, तो हमने जिन्दा बकरों की मांग की, जो हमें कुछ दिन बाद मुहैया होने लगे।

चीनी लोग नारे लगाते हिन्दी-चीनी, भाई-भाई। हमारे लिए हिन्दी पिक्चर भी मँगाई गई। ‘हीरामोती’ फिल्म मैंने वहीं देखी। और भी फिल्में हमें दिखाई जातीं। ज्यों-ज्यों दिन बीतते गए, कैम्प कमांडर के लैक्चर भी बढ़ने लगे। वह कहता आराम से रहो। मोटे होकर जाओगे तो तुम्हारे परिवार के लोग समझेंगे, हमने तुम्हें आराम से रखा। नहीं तो वे समझेंगे हमने तुम्हारा ध्यान नहीं रखा। कुछ दिन में तुम अपने देश लौट जाओगे।

हफ्ते में एक दिन हमें पिकनिक के लिए साठ किलोमीटर दूर एक नदी के किनारे ले जाया जाता। वहाँ खेल चलते। मीना बाजार लगता। एक बजे खाने की गाड़ी आती। वहाँ तिपाई पर कैमरे लगे होते जो शूटिंग करते रहते।

खाना खाने के लिए हम दो-दो पंक्तियों में बैठते। एक पंक्ति हमारी होती और दूसरी चीनियों की। हमें हमारा आदमी खाना बाँटता और चीनियों को उनका। इस तरह हमें दस महीने गुजर गए। हमें बताया गया तुम्हारे कागजात बन गए हैं और जल्दी तुम अपने देश लौटनेवाले हो। हम पर आने-जाने की कोई खास बंदिश नहीं थी। बस एक-एक किलोमीटर दूरी पर तख्तियाँ टँगी थीं, जिन पर 'आउट आफ बांड' लिखा होता, हम वहाँ से आगे नहीं जाते। हमें बरछी दी गई थी, जिससे हम मछली मारते और समूहवार अपनी-अपनी मछली अलग पकाते। हवलदार नारायण सिंह अब स्वस्थ हो गए थे।

बड़ा कमांडर लैक्चर देता और दुभाषिया हमें बताता, "हमने कोई लड़ाई नहीं लड़ी। चीन सरकार का लड़ने का कोई इरादा नहीं था। लेकिन हमारा पड़ोसी भाई सोया था, इसलिए हमने अपने पड़ोसी को जगाया है कि दुनिया में बहुत कुछ हो रहा है, इसलिए तुम उठो। अगर हमें लड़ना होता तो जो हमने जीता है उसे हम नही छोड़ते।" वह नेहरू और दलाई लामा को गाली देता और ऐसा करते हुए अपनी मुद्रा भी अजीब-सी बनाता। वह कहता, "अगर आप में से कोई चीन में रहना चाहता है या शादी करना चाहता है तो हम तैयार हैं। हम उसे नौकरी देंगे। हम भारत सरकार से बात करेंगे।"

एक दिन बड़ी परेड हुई। दो गेट बने थे। एक में 'इंडिया' और दूसरे में 'चाइना' लिखा था। मार्च पास्ट कराया गया और कहा गया कि जो चीन में रहना चाहता है वह 'चाइना' गेट से गुजरेगा और जो इंडिया जाना चाहता है वह 'इंडिया' गेट से। 'चाइना' गेट से कोई नहीं गुजरा। लड़के हँसी-मजाक में कह रहे थे, रह जाते हैं, शादी भी यहीं कर लेंगे। लेकिन रहा कोई नहीं।

एक दिन हमारे बैच बनाए गए और हमें कानबाय से सीमा पर लाया गया। वहाँ सीमा पर चारपाई के नेवार जैसी सफेद पट्टी बिछी थी। यह नेफा बार्डर पर तवांग और ध्वांग के बीच शायद मैकमोहन रेखा के आस-पास की जगह थी। रेड क्रास के निशान हमारी टोपी, बाजुओं, छाती और पीठ पर बने थे। पहले भारत के अधिकारियों ने हमारा नाम, नम्बर, यूनिट का नाम पुकारा और उसके बाद वही नाम नम्बर चीन के अधिकारियों ने पुकारा। फिर हमारे अधिकारी कहते फलाँ नम्बर का जवान हाथ खड़े करो और हम कदम ताल करते हुए एक-एक कर अपने भारत की तरफ आकर खड़े हो

जाते। उस दिन का पूरा बैच दूसरी तरफ जाता और दोनों तरफ के अधिकारी सुपुर्दगी के कागजातों पर दस्तखत करते। चीन ने हमें नए कोट, पैंट, रजाई, गद्दा दिया था। आते हुए स्टाफ ने रोते हुए हमें विदा किया। उन्होंने थर्मस आदि उपहार भी हमें दिए। दो दिन और दो रात के बाद हम चारद्वार पहुँचे। वहाँ हमारा कैम्प था ही। वहाँ जहाज हमारी प्रतीक्षा कर रहा था। हम तीन दिन वहाँ रहे। चीन ने रजाई, गद्दा, कपड़े आदि जो सामान दिया था, वह वहीं ढेर कर दिया गया, जिसे चीन को लौटाने का फैसला किया गया था। हमें भारतीय क्लोदिंग स्टोर में ले जाया गया। वहाँ नए कपड़े जूते आदि इशू हुए। हमने चीनी कपड़े वहीं खोल दिए और नए कपड़े पहने इस तरह हम पूरी तरह भारतीय सैनिक की वेष-भूषा में दूसरे दरवाजे से बाहर निकले। तीसरे दिन हम ढाई सौ लोग जहाज से कलकत्ता में बैरकपुर पहुँच गए।

हमारा साथी नारायण सिंह वर्ष 1971 की लड़ाई में सूबेदार बन गया। चीन के कैदी कैम्प में चमोली जिले के देवाल के पास के सुइया गाँव का जो गोविंद सिंह बिष्ट हमें मिला था, वह आज भी जिन्दा है। हरमनी धार का माधोसिंह जिन्दा है या नहीं, मुझे नहीं मालूम।

बलवन्त सिंह बिष्ट की आपबीती सुनते आधी रात हो गई थी। कल घेस गाँव के लिए पच्चीस किलोमीटर पैदल जाना था, इसलिए सोना जरूरी था। यहाँ पाठक माफ करें, कीड़ा-जड़ी की खोज के उस अभियान का क्या हुआ, इस बारे में फिर कभी।